VR技术
在数字教育中的应用

李 哲 李 岩 王天威 主编

清华大学出版社
北京

内 容 简 介

人类丰富的想象力和好奇心推动着科技的不断进步，但是由于空间和时间的限制，我们只能在已有的认知中认识世界。VR 技术的出现，让人们可以突破限制，去往心之所向的地方。VR 技术是借助计算机技术对现实情境进行模拟构建，从而为使用者带来身临其境般的体验。VR 技术的发展和应用正在对人类的学习和生活产生深刻的影响。

本书详细介绍了 VR 技术的起源、发展和应用，重点讨论了 VR 技术在教育领域中应用的理论基础和现实情况，以及在中学课堂中有效提升学生学习投入的路径与方法，为研究者提供理论依据和实践启示。本书以教学案例的形式展示了 VR 技术在数字教学中的应用，有助于教师迅速掌握 VR 技术在课堂教学中的应用方法和技巧。

本书封面贴有清华大学出版社防伪标签，无标签者不得销售。
版权所有，侵权必究。举报: 010-62782989，beiqinquan@tup.tsinghua.edu.cn。

图书在版编目（CIP）数据

VR 技术在数字教育中的应用/李哲，李岩，王天威主编. —北京: 清华大学出版社，2023.3
ISBN 978-7-302-62896-5

Ⅰ. ①V… Ⅱ. ①李… ②李… ③王… Ⅲ. ①虚拟现实–应用–网络教育–研究 Ⅳ. ①G434

中国国家版本馆 CIP 数据核字 (2023) 第 035857 号

责任编辑: 聂军来
封面设计: 刘　键
责任校对: 李　梅
责任印制: 宋　林

出版发行: 清华大学出版社
　　网　　址: http://www.tup.com.cn, http://www.wqbook.com
　　地　　址: 北京清华大学学研大厦 A 座　　邮　编: 100084
　　社 总 机: 010-83470000　　邮　购: 010-62786544
　　投稿与读者服务: 010-62776969, c-service@tup.tsinghua.edu.cn
　　质量反馈: 010-62772015, zhiliang@tup.tsinghua.edu.cn
印 装 者: 大厂回族自治县彩虹印刷有限公司
经　　销: 全国新华书店
开　　本: 148mm×210mm　　印　张: 6　　字　数: 136 千字
版　　次: 2023 年 3 月第 1 版　　印　次: 2023 年 3 月第 1 次印刷
定　　价: 29.00 元

产品编号: 097831-01

本书编委会

主　　编：李　哲　李　岩　王天威

副主编：侯　健　肖　跃　王晓杰　徐　瑞　郭　君

编　　委：朱世明　边　雪　屈小蕉　张文慧　陈文静
　　　　　胡旭辉　蒲　飞　刘　洋　李　燕　郭春林
　　　　　蒋　娜　王　明　张瀚元　刘成名　刘　江
　　　　　李　麟　张月帅　毛日新　张超宇　袁书艳
　　　　　范海铮　张戍敏　秦　臻　李　鹏　曹文胜
　　　　　张连伟　刘　燕

序言一

随着国务院印发《"十四五"数字经济发展规划》的出台和教育部教育数字化战略行动的部署,以5G、大数据、人工智能、虚拟现实(VR)、云计算为代表的新技术正快速融入我们的工作、学习和生活中。元宇宙概念与数字孪生技术的推出,使现实世界与虚拟世界互为镜像,为人类未来的发展带来无限的遐想。虚拟现实技术在5G的加持下,在画面质量、图像处理、眼球捕捉、机器视觉等技术领域不断取得突破,并以其在沉浸性、交互性、多感知性、构想性和自主性等方面的独特优势,成为近年发展最为迅猛的新技术之一。融合了多媒体、传感器、视觉显示、互联网与人工智能等技术的虚拟现实技术正在悄然改变我们的生产和生活方式。以VR+娱乐、VR+设计、VR+教育、VR+医疗、VR+军事、VR+航天、VR+制造等引领的虚拟现实新时代正大踏步向我们走来。

2016—2019年的《地平线报告》从深度学习问题的解决、新媒体联盟中期发展、十二项重要的教育技术、虚拟现实技术在教育教学中的落地时间等角度阐述了虚拟现实技术在教育领域的应用场景。2017年《教育信息化2.0行动计划》的印发,标志着我国教育信息化的一次升级。教育教学将以新技术为引领向智能化发展,最终实现教育生态的重构。2018年《人工智能标准化白皮书》的发布,将虚拟现实技术列为7种人工智能的关键技术之一。2019年"国家虚拟仿真实验教学项目建设与共享应用工作会议"

的召开，促进了虚拟现实技术与教育教学深度融合的研究发展。2020年教育部在《关于加强"三个课堂"应用的指导意见》中指出要综合利用人工智能、云计算、大数据、虚拟现实等技术不断增强"三个课堂"的智能化、共享性和互动性。2021年《5G应用"扬帆"行动计划（2021—2023年）》中强调应加快5G教学终端设备及AR/VR教学数字内容的研发，结合AR/VR、全息投影等技术实现场景化交互教学，打造沉浸式课堂。2022年"国家中小学智慧教育平台"升级后，充分运用了人工智能、虚拟现实和增强现实等新技术手段，最大限度地还原真实场景，使"坐不住"的小学低年级学生也被平台内容深深吸引。当前，虚拟现实技术引起了全社会的广泛关注与研究，正在逐步与行业快速融合并开始普及。

李岩老师在虚拟现实技术在教育领域的应用之初，就一直致力于该领域在基础教育阶段的研究与实践工作。从虚拟教室、虚拟实验的构建，到虚拟设备、虚拟授课、虚拟考试的方法研究都取得了非常丰富的研究成果，促进了以学生为中心的个性化学习发展，推动了学生学习方式的变革。建构主义学习理论、沉浸理论、情境学习理论、认知主义理论、"经验之塔"视听教学理论、目标分类理论、心流理论、具身认知理论、认知负荷理论在教学实践研究中的综合应用，形成了应用虚拟现实技术进行教学的独特模式。

有幸受到李岩老师的邀请为本书做序，感到十分荣幸。在李岩老师的书中，我从虚拟现实技术的起源、发展和应用，在教育领域的理论基础与现实意义，在基础教育学科课程教学设计中学生学习的路径、方法与教师教学的应用技巧与关键技术等方面收获颇多。感谢本书的几位作者在虚拟现实技术有效融入基础教

序言一

育教学领域做出的贡献，期待着各位作者更深一步的理论与实践研究。祝李岩老师在基础教育的研究工作中踔厉奋发，不断前行，为基础教育数字化转型全面提速，为教育迈向技术与应用场景的深度融合创新做出更大的成绩！

北京市教育科学研究院　高　勇
2022 年 11 月

序言二

自 2015 年以来，李岩等人在虚拟现实实验室建设、虚拟现实课程开发等方面开展了扎实的理论与教学实践研究，历经七年，《VR 技术在数字教育中的应用》一书终于与读者朋友们见面了。本书既是作者多年开展 VR 技术应用研究的系统总结，也是 VR 技术在中学应用的智慧结晶，具有较高的理论意义和实践价值。

本书共分为 9 章。系统介绍了 VR 技术的起源、发展和应用；VR 技术在教育领域中应用的理论基础和现实情况；VR 技术在中学课堂中有效提升学生学习投入水平的路径与方法；VR 技术课程开发及课堂教学案例等内容。本书为教师开展 VR 技术教学提供了重要的理论依据和具体的操作参考。尤其教学案例部分，是多位教师经过课堂实践、反复修改而成的，具有重要的参考价值。

本书具有较强的前瞻性。2022 年 11 月，国务院 5 部门联合印发《虚拟现实与行业应用融合发展行动计划（2022—2026 年）》，"虚拟现实＋"各场景应用将落地实施，"虚拟现实＋教育"备受关注。在未来教育发展中，中小学校将建设一批虚拟现实课堂、教研室、实验室及虚拟仿真实训基地；面向实验性与联想性教学的内容，还要开发一批基于教学大纲的虚拟现实数字课程，打造支持自主探究、协作学习的沉浸式新课堂。本书恰好能为"虚拟现实＋教育"中相关要求在中学教育和学科课堂中的实施提供具体参考。

最后，感谢本书作者的辛勤付出，也特别希望广大读者朋友，特别是同仁读过此书后，能对 VR 技术在学校的应用有全新的认识和思考，为创新人才培养与教育贡献力量。

北京宏志中学党总支书记、校长
中国仿真学会 3D 教育与装备专业委员会副主任　　蔡　雷

前言

虚拟现实技术从2016年开始逐渐进入人们的视野并迅速受到广泛关注。具体来说，虚拟现实（VR）技术是借助计算机系统及传感器技术构建的三维虚拟情境，通过使用者的视觉、听觉、触觉和嗅觉等感官，为其带来身临其境般的体验。

最初，虚拟现实技术并未在商业上展开应用，其概念和设备还只是停留在实验室中。直到2014年，扎克伯格在一次演讲中提出，虚拟现实将是下一个计算机平台。就在同一年，当时的Facebook以20亿美元收购了行业领先的虚拟现实公司Oculus。自此，世界上的科技巨头纷纷进军虚拟现实产业。2016年，Oculus、SONY和HTC分别推出了第一代消费级的虚拟现实产品，而2016年也被称为虚拟现实元年。

随后，三星、苹果和微软等公司也开始纷纷在虚拟现实领域布局。同时，VR技术在国外的火爆也引起了国内厂商的注意，腾讯、华为、小米等国内科技企业也先后发布了自己的VR战略和产品。由此，国内虚拟现实产业步入快车道。

虚拟现实技术应用的发展一路高歌猛进。在房地产行业中，购房者坐在家里就可以清晰地看到房间的布局和装修；在电影行业中，戴上VR眼镜的立体电影为观众带来了前所未有的视觉震撼；在游戏领域里，玩家借助VR头盔能够以第一视角亲身参与游戏中。只要带上VR设备，人们瞬间就能进入一个虚拟的情境之中，而虚拟现实技术构建的虚拟情境，能够为用户带来身临其境般的体验。可以肯定地说，VR 技术的普及，不只是我们的生活中多了一项新技术，更重要的是改变了我们认识世界的逻辑和学习知识的方式。

如今，虚拟现实技术的应用已不再局限于游戏和娱乐，在医疗、救援、教育等行业的应用也取得了良好的效果。特别是在教育领域的应用，为课堂带来了颠覆性的变化。在教育的每一次变革中都能够看到科技的身影，VR 技术与教育的融合又一次验证了这一事实。VR 技术能够模拟现实的情境，使学生在虚拟的情境中多方位感知真实世界中难以得到的体验。VR 技术让抽象的知识变得更加直观，使学生沉浸于学习情境中，减少外界环境带来的干扰，从而获得更好的学习效果。

本书共 9 章。第 1~3 章详细介绍了 VR 技术的起源、分类和应用，帮助初学者了解 VR 技术的发展历程；第 4~6 章重点讨论了 VR 技术在教育领域中应用的理论基础和现实情况，以及在中学课堂中有效提升学生学习投入水平的路径与方法，为研究者提供理论依据和实践启示；第 7~9 章汇总展示了 VR 技术在基础类课程、技术类课程和实践类课程中的课堂教学案例，能够帮助教师迅速掌握 VR 技术在课堂教学中的应用方法和技巧，为期望提升学生学习投入和创新能力的教师提供新的方向和路径。

本书既是我个人学习和探索的一段记录，更是教师团队集体的智慧结晶。衷心感谢为本书出版所付出的每一位师长、同行和朋友，你们的支持和帮助是我栉风沐雨、不断前行的动力！

由于编者水平有限，难免存在不足之处，敬请广大读者、专家批评指正。

李 岩

2022 年 9 月

目 录

第 1 章　VR 技术的起源 ……………………………………… **001**
 1.1　VR 技术的概念与内涵 …………………………………001
 1.2　VR 的背景与意义 ………………………………………004
 1.3　VR 的特征与发展 ………………………………………010
 1.4　VR 技术的交互与对比 …………………………………019
 本章小结 …………………………………………………………027

第 2 章　VR 技术的分类 ……………………………………… **028**
 2.1　VR 技术的分类概述 ……………………………………028
 2.2　VR 技术的硬件构成 ……………………………………033
 2.3　VR 技术的软件构成 ……………………………………040
 本章小结 …………………………………………………………045

第 3 章　VR 技术的应用 ……………………………………… **046**
 3.1　VR 技术在教育领域中的应用 …………………………046
 3.2　VR 技术在其他领域中的应用 …………………………048
 本章小结 …………………………………………………………057

第 4 章　VR 技术与中学课程的融合 ………………………… **058**
 4.1　VR 技术在教学中的应用 ………………………………058

  4.2 VR 技术与中学教学深度融合的理论基础 ················065
  4.3 VR 技术与中学教学深度融合的现实意义 ················068
  本章小结 ··071

第 5 章 常见 VR 平台的应用 ···072
  5.1 沉浸式 VR 平台 ··072
  5.2 桌面式 VR 平台 ··082
  5.3 头戴式 VR 平台 ··090
  本章小结 ··096

第 6 章 VR 技术对学生学习投入的影响 ··097
  6.1 VR 技术与课堂教学的融合 ···097
  6.2 VR 技术与学习投入的关系 ···099
  6.3 结构模型的验证与分析 ···102
  6.4 VR 技术对学习投入的影响 ···107
  6.5 VR 技术与教学融合的实践启示 ··109
  本章小结 ··111

第 7 章 VR 技术在中学基础类课程中的应用 ··112
  7.1 VR 技术在物理教学中的应用 ···112
  7.2 VR 技术在生物教学中的应用 ···116
  7.3 VR 技术在地理教学中的应用 ···121
  本章小结 ··126

第 8 章 VR 技术在中学技术类课程中的应用 ··127
  8.1 VR 技术在初中信息技术课程中的应用 ····································127

  8.2 VR 技术在高中通用技术课程中的应用 ················ 134

  本章小结 ················ 142

第 9 章 VR 技术在中学实践类课程中的应用 ············143

  9.1 VR 技术在初中综合实践活动中的应用 ················ 143

  9.2 VR 技术在高中科技社团活动中的应用 ················ 158

  本章小结 ················ 165

附录 VR 平台常见问题解析 ················166

参考文献 ················171

第1章 VR技术的起源

引言：技术改变了我们生活的世界，改变了我们如何理解自我以及与他人互动的方式。如虚拟现实、人工智能、遗传学和纳米技术等新兴技术正在为人类的生活带来更大的变化。本章我们将详细介绍VR的前世今生。

1.1 VR技术的概念与内涵

1.1.1 VR技术的概念

VR是虚拟现实（Virtual Reality）的简称，是20世纪兴起的一门融合了多个领域的新兴技术。它能够借助计算机技术、仿真技术、传感技术和微电子技术等创建一个虚拟环境，使用户获得与现实中一样逼真的视觉、听觉、触觉和嗅觉感受。具体来说，虚拟现实技术是以计算机技术为基础而构建的一种将视觉、听觉和触觉等融为一体的虚拟情境，使用户能够通过相关的硬件设备与虚拟环境中的对象进行交互，从而产生一种身临其境的感受和体验。

VR技术使我们能够模拟现实世界，或构建我们想象中的世界，并提供超越现实世界的诸多优势。在虚拟世界中，用户可以摆脱空间的束缚，不再被物理距离所限制，能够在安全的环境下体验一些具有危险性的实验过程，如化学中的爆炸试验等。借助计算机技术构建的虚拟情境,用户可以没有限制地观察和参与情境中的各种活动,通过实时有效的人机交互最终体验到身临其境的真实感受。用户体验虚拟现实系统构建的虚拟情境的过程可以在如图1-1所示的虚拟现实概念模型中体现出来。

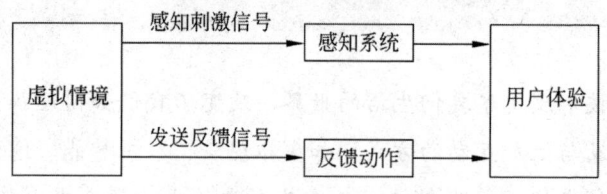

图1-1 虚拟现实概念模型

回顾之前国内外的相关文献可以发现,目前尚无对虚拟现实标准且统一的定义。经过对文献进行梳理,虚拟现实的定义可以分为狭义定义和广义定义两种。狭义的定义将VR视为一种智能人机接口,在虚拟环境中,用户可以用真实世界中的感知方式感受计算机生成的虚拟现实世界,得到和真实世界中一致的感受,用户可以通过视觉、听觉、触觉、嗅觉等感官通道看到彩色的、立体的虚拟景象,听到虚拟环境中的立体声音,感觉到虚拟环境反馈的作用力,甚至虚拟环境中的气味。而广义的定义则认为VR是对虚拟想象或真实世界的模拟,它不仅是一种人机界面,更是对虚拟世界内部的模拟,在对特定场景的真实再现中,用户通过自然方式接收虚拟环境中的各种感官刺激并加以响应,与虚拟场景中的事物发生交互,从而产生身临其境的感觉。

综上所述,本书将VR定义为:通过计算机技术为核心的现代科技手段和特殊的输入、输出设备共同构建的逼真的虚拟情境。这个虚拟出来的情境既可以是对现实世界的模拟,也可以是体验

第1章 VR技术的起源

者独创的情境。在构建的虚拟情境中,用户可以像在自然世界中一样沉浸其中,并借助视觉、听觉、触觉、嗅觉等多通道感官实现自由、主动的交互,从而得到身临其境的感受。

1.1.2　VR技术的内涵

VR用户可以在虚拟的情境中进行体验。VR中的"V"是"虚拟(Virtual)"的英文首字母,意指展现在用户面前的情境是由计算机系统构建的,是虚构的场景。"R"则是"现实(Reality)"的英文首字母,指将计算机构建的虚拟内容逼真地展现在用户面前,为其带来身临其境般的体验。

在VR开发的早期,用户主要通过头戴式护目镜和有线装备与虚拟环境(VE)进行观察和交互。通过技术创新,可穿戴式VR设备逐渐变得更小且更易于携带。时至今日,VR技术被视为硬件和软件的集合,包括个人计算机(PC)、头戴式显示器(HDM)、追踪传感器和其他组件以及提供沉浸式体验的软件。就本质而言,VR是通过计算机创建虚拟的情境来提供现实的感知。因此,VR也被很多人视为是在大脑中生成的虚拟情境所带来的体验。

2016年被VR业界称为"虚拟现实元年"。因此,有些人可能会误认为VR技术是近年来才发展起来的新技术。其实不然,美国早在20世纪60年代初就开始着手研究VR技术。科学家们利用计算机来构建一种逼真的虚拟环境,让人们可以沉浸其中与情境进行实时交互,以产生亲临真实环境的感受和体验,如图1-2所示。它构建的虚拟情境具有强烈的沉浸感,能够改变人与计算机之间枯燥、生硬和被动的互动现状,使人们沉醉其中,流连忘返。虽然在虚拟的情境中对象是虚构的,但用户却觉得像置身于真实的世界一样,看起来有立体感和层次感。利用 VR 技术,用户可以在计算机构建的虚拟情境中感受到真实情况下的声音、影像和动作,让用户完全融入虚拟现实的情境中,最大限度地方便用户的操作和体验,有效地降低了用户的精神负担,从而提高了个体和团队的工作效率。

图 1-2　早期开发的虚拟现实设备

1.2　VR 的背景与意义

1.2.1　VR 产生的背景

VR 技术起源于美国,Ivan Sutherland(1965)在国际信息处理联合会(IFIP)会议上发表的一篇名为《终极的显示》的论文中首次提出了包括具有交互图形显示、反馈设备以及声音提示的虚拟现实系统的基本思想,描述的就是我们现在熟悉的"VR"。早在虚拟现实技术研究的初期,Sutherland 就在其"达摩克利斯

第1章 VR技术的起源

之剑"系统中实现了三维立体显示。20世纪90年代，VR进入快速发展阶段，然而，此时的研究成果大多只能称为"演示"或者"玩具"，离真正的VR还相差甚远。进入21世纪，随着计算机软硬件的发展，VR技术在整合发展的过程中引入了XML和JAVA等先进技术，应用强大的3D计算能力和交互式技术，提高渲染质量和传输速度，进入了全新的发展阶段。随着经济和社会生产力的不断发展，VR技术逐渐进入我们的日常生活，在各个领域得到了广泛的应用，例如，贴近人们生活的电影、电视、游戏等领域，并且取得了巨大的成功，如图1-3所示。

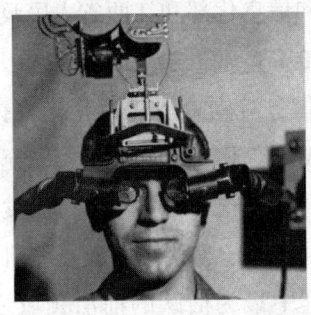 

图1-3　VR从尖端科技逐渐渗入普通人的日常娱乐中

互联网的快速发展使人与人的交流发生了翻天覆地的变化。一方面，VR技术得到了新的发展契机，特别是在教育和培训领域，VR构建的三维虚拟情境在突破时空限制的基础上，让学习者在其中得到真实的体验，是一种以计算机技术为核心的现代高科技技术，已经被认为是21世纪重要的学科之一和影响人们学习生活的重要技术之一。另一方面，在VR技术开发的早期阶段，成本居高不下，需要花费大量的时间和精力来创建可使用的虚拟场景。然而，成本和技术并未成为限制VR技术应用和发展的障碍。凭借着人们的不断努力，VR的开发成本和时间都显著降低。

2008年，美国国家工程院（NAE）公布了一份题为"21世纪工程学面临的14项重大挑战"的报告。VR技术位列其中，与新能源、洁净水、新药物等技术一同成为优先发展的技术。为了获得VR技术的发展优势，美、英、日等国家及其大公司不惜巨资在该领域进行研发。到了2017年，我国国内很多大公司认识到VR的巨大市场价值，开始布局VR产品。各大电视厂商和手机厂商纷纷宣布与VR企业进行合作，力图做大VR市场。例如，乐视与3Glasses、蚁视与灵境、联想与VR眼镜盒子等公司通过强强联合共同拓展VR市场。就此，VR真正开始蓬勃发展。

2019年10月19日，由工业和信息化部和江西省人民政府联合主办的2019世界虚拟现实（VR）产业大会在南昌隆重开幕。开幕式上，中共中央政治局委员、国务院副总理刘鹤指出："去年，国家主席习近平亲自向首届世界VR产业大会发来贺信，充分体现了中国政府对VR产业发展的高度重视，也为VR产业发展指明了方向。当前，以数字技术和生命科学为代表的新一轮科技革命和产业变革日新月异，VR是其中最为活跃的前沿领域之一，呈现出技术发展协同性强、产品应用范围广、产业发展潜力大的鲜明特点。"工业和信息化部原部长苗圩也在致辞中指出，新一轮科技革命和产业变革孕育兴起，以5G、人工智能和VR等为代表的新一代信息技术与制造业深度融合，成为推动我国经济高质量发展的重要动力。

中国虚拟现实产业联盟理事长、中国工程院院士赵沁平在大会上发布了2019中国VR50强企业名单。如表1-1所示，排在前十位的包括宏达通讯有限公司、歌尔股份有限公司、北京爱奇艺智能科技有限公司、百度（中国）有限公司、科大讯飞有限公司、福建网龙计算机网络信息技术有限公司等业内知名企业。

第 1 章 VR 技术的起源

表 1-1 2019 年中国 VR50 强企业

序号	名称	序号	名称
1	宏达通讯有限公司	26	小派科技（上海）有限责任公司
2	歌尔股份有限公司	27	上海曼恒数字技术股份有限公司
3	北京爱奇艺智能科技有限公司	28	泰豪创意科技集团股份有限公司
4	北京小鸟看看科技有限公司	29	亮风台（上海）信息科技有限公司
5	百度（中国）有限公司	30	奥本未来（北京）科技有限责任公司
6	科大讯飞股份有限公司	31	北京亮亮视野科技有限公司
7	福建网龙计算机网络信息技术有限公司	32	北京凌宇智控科技有限公司
8	上海乐相科技有限公司	33	北京易智时代数字科技有限公司
9	北京众绘虚拟现实技术研究院有限公司	34	江西科骏实业有限公司
10	贵州威爱科技集团有限公司	35	杭州易现先进科技有限公司
11	联想新视界（北京）科技有限公司	36	北京朗迪锋科技有限公司
12	中国动漫集团有限公司	37	深圳市圆周率软件科技有限责任公司
13	上海影创信息科技有限公司	38	苏州美房云客软件科技股份有限公司
14	深圳市瑞立视多媒体科技有限公司	39	北京触角科技有限公司
15	塔普翊海（上海）智能科技有限公司	40	北京赛四达科技股份有限公司
16	深圳创维新世界科技有限公司	41	贝壳找房（北京）科技有限公司
17	广州玖的数码科技有限公司	42	北京微视威信息科技有限公司
18	利亚德光电股份有限公司	43	北京视博云科技有限公司
19	北京耐德佳显示技术有限公司	44	深圳市虚拟现实技术有限公司
20	浪潮集团有限公司	45	上海诠视传感技术有限公司
21	四川川大智胜软件股份有限公司	46	秦皇岛视翼科技有限公司
22	北京七维视觉科技有限公司	47	当家移动绿色互联网技术集团有限公司
23	深圳市中视典数字科技有限公司	48	合肥视涯显示科技有限公司
24	南京睿悦信息技术有限公司	49	深圳市科创数字显示技术有限公司
25	北京兰亭数字科技有限公司	50	红色地标（北京）文化科技有限公司

1.2.2 VR应用于教育的意义

科技的发展不仅给人们的生活带来便利,同时也能够在教育领域产生重要的影响,为教学方法和手段带来革新与突破。作为一种新兴的技术,VR技术具有以不同方式辅助学习的潜力,从而引起了教育领域的广泛关注。将VR技术应用于教育可以追溯到20世纪90年代。受限于当时计算机软硬件的发展水平,相关研究在当时的关注度并不高。然而,进入到21世纪后,硬件的迅猛发展,以Oculus Rift虚拟现实头盔为标志的大众化虚拟现实应用初见雏形。一些国家纷纷设立了相关研究项目,如澳大利亚和新西兰于2009年合作成立的虚拟世界工作组,美国林登实验室的Second Life项目等。其中Second Life项目直接提出要探索个体在虚拟现实世界获得教育与成长的可能,目前英国有80%的高校都在使用或准备使用Second Life平台,美国则有超过150所高校在Second Life中搭建了用于教学和研究的虚拟环境。Second Life中搭建的用于教学和研究的虚拟情境如图1-4所示。

图1-4 Second Life中搭建的用于教学和研究的虚拟情境

VR技术在教育领域中的应用具有划时代的意义。基于

第1章 VR技术的起源

VR技术的教学研究发现,虚拟现实学习环境(Virtual Reality Learning Environment,VRLE)对学生的学习有巨大的辅助和促进作用。首先,VR学习环境能提供更贴近生活的教学辅助,让学生在生活化的环境中学习知识和技能,提高知识呈现的情境性与直观性;其次,VR技术可以为学生提供丰富的个性化学习环境,践行"因材施教"的教育理念;再次,VR学习环境可以融合游戏化的特征,贯彻"寓学于乐"的教育理念,提高学生学习的内在动力;最后,基于VR技术的在线课堂将一改视频课堂的枯燥乏味,为学生提供主动探索和互动交流的机会,极大地促进了学生主动学习的比例。如今,VR技术已广泛应用于医学解剖学、航天训练以及建筑设计等本科课程。VR技术作为一种教学媒体在引入教学时,用户(主要指教师)应将其视为是学习过程中的宝贵补充工具。借助VR设备,教师可以将抽象知识进行可视化并以3D的效果呈现给学习者。在这种引人入胜和身临其境的互动过程中,学习者更有可能拥有愉快而现实的学习体验。

与国外相比较,国内VR技术在教育中的应用还处于初期阶段。虽然已有研究者开始探究虚拟现实在教学中的应用,但研究重心还集中在虚拟仿真校园的实现以及简单游戏的互动等方面。目前,还有一些挑战在制约着VR技术在教育中的应用,如教师应用VR技术授课的观念尚未形成、虚拟现实技术本身尚未解决的眩晕问题、虚拟现实学习环境的设计问题以及虚拟现实课堂与传统课堂的衔接问题等。这些问题能否得到及时、适当的解决,将决定虚拟现实技术在教育应用上的发展步伐。

可以看出,VR技术在教育领域中的应用是一个有趣且富有希望的开始。当前是一个科技创新的时代,教育的发展同样需要与时俱进,跟上时代前进的脚步。尽管有着无比美好的前景,但以 VR 技术为核心的新一代信息技术能否为广大师生提供更好的人机交互方式，以满足学生对于实践学习的各项需求，提高他们的综合实践能力，全面提升学生的核心素养，持续推动教育的变革仍有待进一步地实践和研究。鉴于此，本书致力于深入分析 VR 技术在教育应用中的优势及其发展所面临的挑战，探讨教师对使用 VR 的态度以及学生的看法和评价，以期为后续的相关研究提供理论依据。

1.3 VR 的特征与发展

1.3.1 VR 技术的特征

VR 技术具有 3I 特征，即沉浸性（Immersion）、交互性（Interaction）和构想性（Imagination），是一个学科高度综合交叉的科学技术领域。

1. 沉浸性

VR 技术的沉浸性又称浸没感、临场感、存在感或投入感，实质是指用户在使用该技术时置身于虚拟环境中的程度。与我们所看到的二维空间不同，虚拟现实的视觉空间和视觉形象是三维的，音响效果也是精密仿真的三维效果。二维环境所还原的情景是作为附属物给用户制造体验，用户处于平面环境的范围，从二维感受的平面下观察世界。而虚拟现实是根据现实世界的真实存在，由计算机模拟出来。它虽然客观上并不存在，但一切都是符合客观规律的。它所实现的是使用户浸入到三维世界中，运用多重感受完全参与到构建的"真实"世界中去。因此，人机交互设

第1章 VR技术的起源

备在沉浸感的营造中是非常重要的。虚拟现实系统可以根据人类的视觉、听觉的生理心理特点,通过外部设备及计算机构建仿真的三维立体情境,并利用头盔式显示器或其他设备,把参与者的视觉、听觉和其他感觉封闭起来,提供一个新的、虚拟的、非常逼真的感觉空间。参与者戴上头盔显示器和数据手套等交互设备,便可将自己置身于虚拟环境中。当使用者环视周围时,虚拟环境中的图像也实时地跟着变化,做拿起物体的动作可使物体随着手的移动而运动。这种沉浸感是多方面的,不仅可以看到,而且可以听到、触到及嗅到虚拟世界中所发生的一切,并且给人相当真实的感觉,能使人全方位地临场参与到这个虚幻的世界中。使用者在虚拟环境中感受各种对象的相互作用,一切如身临其境一般。最佳的虚拟情境能够使用户全方位地沉浸其中,以达到使用者难以分辨真假的程度,从而为用户带来身临其境地感受。

2. 交互性

VR技术的交互性是指用户对模拟环境中各项物体的实际操作程度,同时还包括了身处模拟环境中获得信息反馈的自然程度。基于现代化虚拟现实技术应用环境中,用户能够用手去感知触碰模拟环境中的物体,促使真实感觉到物体的存在,并可以随着手臂的移动让物体跟着移动起来。这种交互性能够最大化地提高用户在虚拟环境的真实体验感,满足在现实生活中不能完成的各种操作。例如,在虚拟驾驶系统中,用户可以控制包括方向、挡位、刹车、座位调整等各种信息,系统也会根据具体变化瞬时传达反馈信息。用户可以用手直接抓取模拟环境中虚拟的物体,这时手有握着东西的感觉,并可以感觉物体的重量,视野中被抓的物体也能立刻随着手的移动而移动。崎岖颠簸的道路,用户会感觉到身体的震动和车的抖动；上下坡路，用户会感受到惯性的作用；漆黑的夜晚，用户则可以感觉到观察路况的不便等。它会根据用户的具体要求不断产生相应的变化，细腻、真实地再现场景中时间、空间等特征，带给用户不同情境下的各种感受，等等。交互性能是衡量虚拟系统的一个重要指标。在虚拟现实系统中的人机交互是一种近乎自然的交互，使用者不仅可以利用键盘、鼠标进行交互而且能够通过特殊头盔、数据手套等传感设备进行交互。参与者不是被动地感受，而是可以通过自己的动作改变感受的内容。计算机能根据使用者的头、手、眼、语言及身体的动作，来调整系统呈现的图像及声音。参与者通过自身的感官、语言、身体运动或肢体动作等，就能对虚拟环境中的对象进行观察或操作。

3. 构想性

VR 技术的构想性又称想象性，是指虚拟现实技术应具有广阔的想象空间、不仅可再现真实存在的环境，也可以随意想象客观上不存在的、甚至不可能发生的环境。虚拟现实技术为人们认识世界提供了一种全新的方法和手段，能够帮助人们思考和想象现实世界中不存在的事物，提高感性和理性认识，从而深化概念以及引发新的联想。参与者可在多维信息空间中通过自己的感知和认知能力获取虚拟环境中的知识，发挥主观能动性发现新问题、形成新思想，拓宽人类认知范围。虚拟现实虽然是根据现实进行模拟，但所模拟的对象却是虚拟存在的。它以现实为基础，却可能创造出超越现实的情景。所以它可以充分发挥人的认识和探索能力，从定性和定量等综合集成的思维中得到感性和理性的认识，从而进行理念和形式的创新，以虚拟的形式真实反映设计者的思想、传达用户的需求。虚拟现实不仅仅是一个媒体，还是一

第1章 VR技术的起源

个高级用户界面,它是为解决实际工作中各个方面的问题而设计开发出来的虚拟方案,它以真实的形式反映了设计者的思想和期望。比如,在一个现代化的大规模景观规划设计中需要对地形地貌、建筑结构、设施设置、植被处理、地区文化等进行细致、海量的调查和构思,绘制大量的图纸,并按照计划有步骤地进行施工。但由于季节气候、文化地域、生活习惯等的原因,设计往往因为很多项目已经施工完成而无法进行相应改动从而留下永久的遗憾。而虚拟现实技术以最灵活、最快捷、最经济的方式在不动用一寸土地且成本降到极限的情况下,供用户任意进行设计改动、讨论和呈现不同方案的各种效果,并可以使更多设计人员、用户参与设计过程,确保方案的最优化结果。此外,在对未知世界和无法还原的事物进行探索和展示方面,虚拟现实技术有其他方案无可比拟的优势。它以现实为基础创造出超越现实的情景,大到可以模拟宇宙太空把人带入浩瀚无比的"宇宙空间",小到可以模拟原子世界里的动态演化把人带入肉眼不可见的微粒世界。

发展至今,VR技术正在与AI(人工智能)技术及其他相关领域技术相结合。这使VR技术在建模技术方面会从目前以几何、物理建模为主,向几何、物理、生理、行为、智能建模发展;在交互技术与设备方面也会出现一些颠覆性的创新,例如,光影全息显示、实时同声翻译、触感温湿感交互和味觉等。

1.3.2 VR技术的发展阶段

随着VR技术的发展,虚拟现实的研究范围和应用范围不断扩大。许多国家都在致力于研究和提升VR技术的应用范围。VR技术之所以引起研究的浪潮,重点在于它的有效性和广阔的发展空间。作为 21 世纪最重要的技术之一，VR 技术的发展将对世界更多的领域产生重大影响。VR 技术从起源逐渐发展到应用共经历了四个阶段。

VR 技术第一阶段是起源阶段。虚拟现实的起源可以追溯到 1962 年，美国 Morton Heilig 发明了 Sensorama 模拟器，这是一个早期的虚拟视频现实设备，通过这个模拟器用户可以观看纽约夜间的街道景色。

之后，VR 技术逐渐迈入萌芽阶段，这一阶段重要的标志为 Ivan Sutherlan 研制的头盔显示器 HMD。他提出了一些在当时并不被接受的技术来支持他自己的主要观点。例如，交互式 3D 设备、动态渲染、眼睛跟踪和凝视。在接下来的 30 年里，与虚拟现实相关的软件和硬件得到广泛的开发。当然，这也要归功于美国积极地开发了新型的数字模拟器，因为第一个虚拟现实系统是由美国宇航局的科学家开发的。该设备的出现标志着虚拟现实技术正式面向市场，为后期的发展及完善奠定基础。

随着技术的发展，虚拟现实技术进入了第三个阶段——初步阶段。这一阶段的重要标志为 VIDEOPLACE 系统以及 VIEW 系统，应用该系统能构建出虚拟环境。在 20 世纪 80 年代的后期，Jaron Lanier 成立了第一家开始销售虚拟现实设备的公司。

VR 技术在工业领域中的应用是 VR 技术进入第四个阶段的主要标志。Fred Brooks 教授根据其在工业应用方面的经验，与美国国家航空航天局和其他配套组织一起，在美国国家科学基金会资助支持下实施工业 VR 的应用研究。Brooks 教授在他的调查报告中提出，VR 技术研究已经开始发展，工业界和学术界已经开始致力于 VR 技术创新和工业应用知识建设，这表明 VR 技术成功应用于包括工业在内的各行各业以满足使用者的各种需求。调查显示，虚拟现实技术已经开始在医学、航空、科研及军事等广泛领域中加以应用。

1.3.3 VR技术的现状

VR技术起源于美国，一些大型的VR技术研究机构，引领着VR技术在世界的发展，并对认知、用户界面、后台软件和硬件方面进行了广泛的研究。20世纪80年代初，美国实验室创建虚拟研究项目的光学环境，后来建立了虚拟界面环境的运营机构。在这个阶段，美国虚拟现实技术已在航空、卫星等领域得到应用。研究机构开展虚拟行星探索的研究项目，这项研究工作主要通过虚拟技术对遥远的行星进行研究。在航空领域，美国波音公司开始使用VR技术来进行基础设计，设计师在虚拟环境中进行无纸化的设计，从而大大减少了设计处理的流程。除此之外，美国还在军事领域开展虚拟战场环境和各种形式的模拟训练，以提高作战能力和军事水平。

VR的浪潮之下，欧洲也不甘落后，众多知名企业投身于VR产业之中，有超过120家VR技术相关公司从应用、内容、工具、平台以及硬件等方向开展研究，占据了欧洲整个VR产业的半壁江山。其中以英国的贡献最为显著，英国公司设计的DVS系统试图将一些VR技术在各领域实际应用中进行标准化，实现不同的操作模型可以与编辑语言一一对应。

我国对VR技术的研究始于20世纪80年代中期，因此与发达国家相比存在着一定的差距。但是VR技术发展的巨大前景也使相关研究人员把注意力放在国家重大研究项目上。VR研究工作需要大量资金和先进技术为基础，随着计算机技术等先进技术的飞速发展，VR技术在我国各个不同领域都得到了重视，从而进一步拓展了VR技术研究的深度。目前，我国科学技术委员会和国防部已将VR技术作为核心研究项目之一，主要研究机构和大学逐步参与VR的相关研究，并取得了显著的成果。例如，北京航空航天大学作为我国最早参与VR技术研究与开发的大学，主要开展VR三维数据库和虚拟环境等方面的动态分配数据技术的研究工作，特别是在政府研究领域中，使用VR技术来处理对象的特性。我国各大高校在立体显示技术专用图像合成与压缩编码技术等关键技术取得了显著成果，而计算机动画制作技术的运用就是这些成果的具体体现。

在VR技术快速发展的过程中，硬件设备已逐渐趋于成熟，应用内容也在慢慢成为"新蓝海"。各大互联网企业、硬件厂商都纷纷通过投资、并购、收购等方式入局虚拟现实行业，2014年，（原）Facebook公司收购了Oculus的Rift头盔，迎来了虚拟现实头盔的史上最低价，仅售399美元，从而掀起了VR的商业普及浪潮。之后，国内厂商也开始进行VR产业链的布局，以BAT为首的VR市场初见雏形，这使得2016年又被人们称为中国VR技术的元年。图1-5为Oculus推出的Rift头盔。

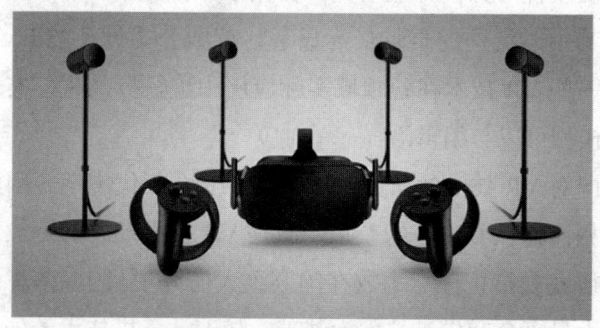

图1-5　Oculus的Rift头盔

第1章 VR技术的起源

1.3.4 VR技术的未来趋势

如今，VR技术已经应用于教育、建筑、娱乐、影视等领域，具有很好的发展前景。目前，人们对娱乐和影视尤为关注。虚拟现实技术不仅在娱乐和影视领域取得成就，而且在其他领域也有很好的发展。在教育领域，谷歌开发的"远征"系统，该系统使用虚拟现实技术让边远山区的儿童能够浏览他们以前从未见过的多种世界范围内的VR设备。在建筑工程方面，房地产公司可以使用VR技术在家中显示图像和客户模型。客户可以戴着VR头盔，并通过房地产公司设计的体验来创造真实感受。在医学上，虚拟现实技术可以应用于疾病的诊断和治疗以及数据的可视化，如恐高症治疗、痉挛等。在慢慢接受指导下，这种方法可以使患者得到更好的护理并改善他们的生活环境。可视化数据意味着医生将患者数据输入到VR设备中，并且医生佩戴VR头盔通过这种虚拟现实方法，可以观察患者身体内部并且可以从各个角度观察，例如查看肿瘤的大小以及在哪里和使用哪种手术方法。如图1-6所示，VR技术在娱乐和医疗领域将会有更大的应用前景。

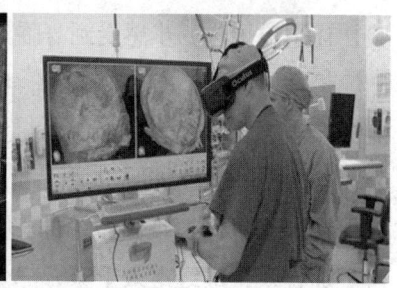

图1-6 VR技术在娱乐和医疗领域将会有更大的应用前景

可以预见的是，在未来，VR 技术的应用领域将会进一步扩大，而决定这一发展趋势的是 VR 技术硬件和软件的进一步发展能够为用户带来更加美好的全新体验。

首先，VR 全景内容会更加充实。Omnivirt 的研究报告指出，VR 技术的发展在近几年更加侧重于全景内容的展示，其参与度已经超过了普通的显示内容，而且呈现的内容和质量也在逐渐提升。目前，虚拟现实技术的公司也更加侧重于全景设备和应用的开发，也成为 VR 技术未来发展的重要趋势。

其次，VR 技术的开发者全面崛起。虽然现在虚拟现实技术越来越受到业界的重视，也有许多公司开发了相应的显示和操作设备，但没有足够的软件来与硬件进行匹配。例如，虚拟现实游戏虽然受到了大家的广泛关注，但市场上可供选择的游戏却相对较少。在未来，虚拟现实技术的人才需求会不断增加，许多科技公司也开始进行 VR 虚拟现实技术相关应用和内容的开发工作。

再次，VR 平台的沉浸感全面提升。对于虚拟现实技术而言，最重要的事情就是如何将虚拟环境做到更加逼真。目前，虚拟现实技术设备已经可以做到 360° 音频播放，为用户带来更为真实的音频感受。与此同时，虚拟现实设备还加强了嗅觉和触觉的体验，让用户更进一步感受到身临其境的沉浸式体验。

最后，VR 产品的成本降低且实用性增强。虚拟现实设备未能完全普及的一大主要原因便是价格昂贵，但在 2017 年，HTC 公司与 Oculus 公司将 VR 产品价格下调了 200 美元，引发了价格战。在未来，虚拟现实技术的相关产品价格将会进一步下降，变得更加普及，最终走入千家万户。

第1章 VR技术的起源

1.4 VR技术的交互与对比

1.4.1 VR技术的交互

VR交互指的是在VR系统中参与活动的对象与系统的其他对象或物体进行相互交流，产生双方面的互动。例如，用户在虚拟环境中向某个虚拟角色做出摇头的动作，该虚拟角色也会向用户做同样的动作，这便是一个有效的交互。

VR技术与传统3D技术根本的区别在于是否能够与用户实现有效的交互功能。因此，交互是虚拟现实最为关键的特点之一。尽管缺少交互的3D技术也能为用户带来一定的沉浸感，但不是真正意义上的虚拟现实。VR技术的目的是构建一个虚拟的情境，让用户获得身临其境般的体验，如果不能实现交互，那么用户在这个构建的虚拟情境中的存在感是非常弱的。因此，交互是VR技术的灵魂。

学者Jonathan Steuer在其论文《虚拟现实：决定沉浸感的维度》中指出，VR的交互主要依靠三个要素来实现：速度、范围和映射。速度是指计算机将用户的动作传入计算机模型中的频率；范围是用户任意行为可能导致的不同结果的数量；映射则是VR系统根据用户的行为产生自然结果的能力。

一种比较典型的交互形式是导航，用来帮助用户在虚拟的情境中自主选择行动方向。但是作为一种简单的交互元素，导航只能给用户带来有限的沉浸体验。用户在这种虚拟情境中体验的时间一长就会感觉到索然无趣。因此，真正意义上的VR交互除了导航之外，还应该能够对用户的行为做出及时合理的反应。例如，虚拟情境中的动物,在用户伸手触摸时会做出躲避等动作。

VR 的交互可以为用户带来完美的沉浸体验,但也应根据不同的内容设定合理的交互水平。例如,将 VR 技术应用于教学时,目的是激发学生的探究兴趣,集中学生的注意力,以将知识更有效地传输给他们。此时,过度的 VR 交互反而容易分散学生的注意力而起到适得其反的效果。目前在课堂上使用的 VR 平台,大部分是学生以小组为单位进行观察和实践的,学生之间空间的距离较近,如果使用过于复杂的动作和手势进行交互,则有可能会造成相互之间的干扰而影响学习效果。因此,VR 在教学领域的应用适合采用较弱的交互方式。如图 1-7 所示,学生通过沉浸式 VR 平台,能够更加细致地观察所学内容,从而有助于学习兴趣的激发。

图 1-7 学生通过沉浸式 VR 平台观察 F1 赛车的结构

1.4.2 增强现实与虚拟现实

增强现实(Augmented Reality,AR)是在虚拟现实的基础上发展起来的,能将真实世界信息和虚拟世界信息进行"无缝"集

第 1 章 VR 技术的起源

成的一种新技术，借助计算机图形图像学和可视化技术，将虚拟的信息应用到真实世界，通过将计算机生成的虚拟对象、场景或者系统提示信息，借助显示设备准确叠加在真实环境中，从而实现虚拟世界与真实环境的融合，给用户一个感官效果真实的新环境。

增强现实的基本原理是在相机拍摄的真实环境中，根据被拍摄物体的位置、属性及拍摄角度等特征，通过特定的算法实时地叠加到与被拍摄真实环境对应的虚拟物体及相关信息。增强现实把虚拟的信息应用到真实世界并被人体感官所感知，带给用户超越现实的感官体验。

例如，将移动终端摄像头对准商场的货架，终端显示屏就会在当前画面上叠加该货架上面产品的对应价格及优惠信息。增强现实通过将虚拟信息叠加到真实世界中，不仅展现了真实世界的信息，而且将虚拟的信息同时显示出来，两种信息相互补充、相互叠加，被人类感官所感知，从而达到超越现实的感官体验。如图 1-8 所示，人们借助 AR 技术进行观察。

图 1-8　使用 AR 技术观察人体器官

增强现实技术作为真实世界和虚拟世界的桥梁，包含两方面的主要特征。一方面,增强现实技术的优越性体现在实现虚拟对象和真实环境的融合,即可以让真实世界和虚拟物体共存;另一方面,增强现实技术可以实现虚拟世界和真实世界的实时同步和自然交互,满足用户在现实世界中真实地体验虚拟世界中的模拟对象,从而增加了体验的趣味性和互动性。

自20世纪70年代以来,科技界和工业界对增强现实技术展开了大量的研究实践,并在尖端武器和飞行器的研发、教育与培训、娱乐与艺术等领域取得了一定的成果。随着手机、平板电脑等移动智能终端和移动互联网的快速发展,增强现实技术进入了发展的快车道,增强现实技术领域的应用软件和终端产品逐渐被大众了解并陆续进入消费市场。

增强现实技术的出现源于虚拟现实技术的发展,因此两者间存在着不可分割的密切联系,但也有着显著的区别。虚拟现实通过计算机生成可交互的三维环境,给予用户一种在虚拟世界中完全沉浸的效果,是另外创造一个世界。增强现实则是在真实环境的基础上,将虚拟的场景、对象等叠加在现实环境中,利用同一个画面进行呈现,增强了用户对现实世界的感知。

VR技术与AR技术的区别主要体现在以下三个方面。

第一,用户体验不同。虚拟现实技术强调用户在虚拟环境中视觉、听觉、触觉等感官的完全浸入,强调将用户的感官与现实世界阻断,而完全沉浸在由计算机设备所构建的信息空间情境之中。增强现实技术则不仅没有阻断周围的真实环境,还强调用户在真实环境的存在并努力维持其感官效果的一致性。因为用户体验的不同,虚拟现实技术和增强现实技术的应用领域和场景也有所区别。

第二,核心技术的不同侧重。虚拟现实技术主要关注虚拟情

第1章 VR技术的起源

境是否给用户提供优良体验,核心技术基于计算机图形图像学、计算机视觉和运动跟踪等。增强现实技术则强调在真实环境的基础上叠加虚拟对象。因此,除了虚拟现实所用到的技术外,增强现实技术还需要实现虚拟对象与真实物体进行校准,以保证虚拟对象可以无缝地被叠加在真实环境中,最关键的技术则是跟踪技术。

第三,终端设备不同。虚拟现实技术需要使用能够将用户视觉与真实环境阻隔的终端设备,一般采用浸入式头盔显示器。而增强现实技术是真实环境与虚拟场景的结合,没有完全浸入的要求,只需要配备摄像头或者视觉采集模块的设备都可以成为增强现实的终端,包括个人计算机、手机、增强现实眼镜等。如图1-9所示,用户只需要通过个人计算机就可以体验AR技术带来的快乐。

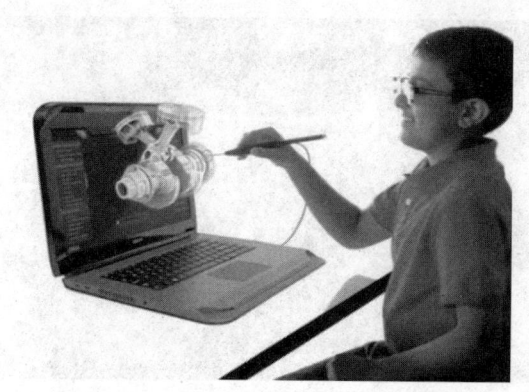

图1-9 孩子们可以通过计算机来体验AR技术带来的快乐

1.4.3 混合现实技术与虚拟现实技术

混合现实(Mixed Reality,MR)技术是虚拟现实技术的进一步发展,该技术通过在现实场景呈现虚拟场景信息,在现实世界、虚拟世界和用户之间搭起一个交互反馈的信息回路,以增强用户体验的真实感。混合现实技术结合了虚拟现实技术与增强现实技术的优势，能够更好地将增强现实技术体现出来。根据史蒂夫·曼恩的理论，智能硬件最后都会从增强现实技术逐步向混合现实技术过渡。混合现实技术和增强现实技术的区别在于混合现实技术通过一个摄像头让你看到裸眼都看不到的现实，增强现实技术只管叠加虚拟环境而不管现实本身。具体来说，混合现实是数字化现实加上虚拟数字画面，从概念上来说，混合现实与增强现实更为接近，都是一半现实一半虚拟影像；扩展现实是人联网和物联网的整合，是虚拟现实发展的高级阶段，现实和虚拟的边界将被抹去。如图1-10所示，北京科卓同创公司开发的混合现实平台可以更加全面地观察牛的内部结构。

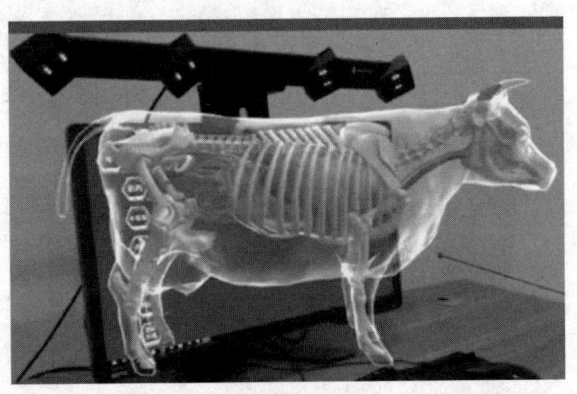

图1-10　北京科卓同创公司开发的混合现实平台

1.4.4　人工智能与虚拟现实技术

人工智能（Artificial Intelligence，AI）是研究、开发用于模拟、延伸和扩展人的智能的理论、方法、技术及应用系统的一门新的技术科学。人工智能是计算机科学的一个分支，是试图通过

第 1 章　VR 技术的起源

了解智能的实质,生产出一种新的能与人类智能相似的方式做出反应的智能机器,该领域的研究包括机器人、语言识别、图像识别、自然语言处理和专家系统等。AI 研究的目标是,机器视、听、触、感觉及思维方式对人的模拟,包括指纹识别、人脸识别、视网膜识别、虹膜识别、掌纹识别、专家系统、智能搜索、定理证明、逻辑推理、博弈、信息感应与辩证处理等。关于人工智能,谷歌开发的 AlPha Go 已经为人们所熟知。它是一款围棋人工智能程序,由谷歌旗下 DeepMind 公司的戴密斯·哈萨比斯团队开发。AlPha Go 在 2016 年 3 月与职业棋手李世石进行人机大战,最终以 4∶1 的比分大获全胜。由于它采用的并不是传统的通过穷举计算的方法,而是采用深度学习使得系统获得了类似人类棋手的思考方法来击败对手,被认为是人工智能现代发展的一个重要事件。这也说明人工智能其实在高速发展中。

关于人工智能概念的起源,普遍被认为是在 1956 年,有"人工智能之父"之称的约翰·麦卡锡博士在一次会议上提出来的。他认为,人工智能就是要让机器的智能行为看起来就像人所表现出的行为一样。不过,这个定义不够精准。目前,对人工智能的定义大多被划分为 4 类,即机器"像人一样思考""像人一样行动""理性地思考"和"理性地行动"。这里"行动"应广义地理解为采取行动或制订行动的决策,而不是肢体动作。

那么,人工智能和虚拟现实有什么联系呢?简单来说,前者是一个创造接受感知的世界,后者是一个创造被感知的环境。虚拟现实设备具有感知和交互功能及可穿戴特性,因此可以对个人信息进行更完备的追踪、记录。这主要体现在两个维度:一个是时间维度,虚拟现实作为可穿戴设备,可以实现对用户信息长时间的连续追踪记录;另一个是追踪记录个人信息的维度将变得更丰富，使用者的所有行为信息、消费信息都能被追踪和记录。这些多维度的连续信息，让用户大数据变得更"大"。对这些信息的充分分析和利用，可以帮助用户更好地体验虚拟现实内容。未来甚至可以通过这些大数据信息，重构一个人的过往以及未来的全部生活。随着可用于训练的数据的积累以及相关算法的进步，近年来人工智能取得了巨大的突破。虚拟现实让数据量进一步爆炸，数据维度进一步丰富和完善，这将直接推动人工智能的深入发展，届时虚拟现实与人工智能必将结合。

人工智能将会让虚拟场景变得真正智能起来。虚拟现实内容不再根据预先设定的情节线性推进，而是根据用户的行为和意图，智能地按照用户的想法循序展开。虚拟现实内容中的各种对象不再根据预先设计好的方式机械地做出回应，它们都会被赋予独特的智慧和个性，根据用户的意图，智能地调整它们做出的回应。虚拟世界将不再是"死"的，而是真正地"活"过来了。虚拟世界变得真实，能够给用户提供真正的沉浸感、交互性和构想性体验。扎克伯格认为的"有智慧的世界才是真正的第二世界"将成为现实。如图1-11所示，VR与AI共同推出的虚拟试衣服务可

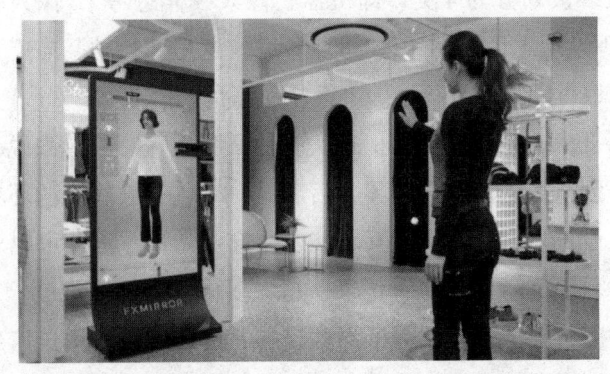

图1-11　VR与AI共同推出的虚拟试衣服务

第1章 VR技术的起源

以代替传统的试衣间。

　　虚拟智能助手将会出现并成为人们最常用的工具之一，人的生活将变得更智能。相对于语音助手类的应用，虚拟智能助手将更加智能，它能独立思考并独立做出判断。它通过综合分析用户在虚拟世界和现实世界中的各种信息，辅助用户的思考和决策，并通过虚拟现实技术展现在用户面前。届时，VR的特征将由"3I"变成"4IE"，除了传统的沉浸感、交互性和构想性之外，虚拟现实系统将会具有智能（Intelligent）和自我进化（Evolution）的特征。同时，虚拟现实场景建模技术会从目前以几何、物理建模为主，向几何、物理、生理、行为、智能建模方向发展。

本 章 小 结

　　本章我们介绍了VR技术的概念与内涵、背景与意义以及特征和发展，系统地描述了VR技术从无到有的过程。特别是详细阐述了AR、MR和AI等与VR相关的一些概念，了解了不同概念之间的区别，帮助学习者快速了解和掌握VR的基本知识，为下一章的学习打下了基础。

第2章　VR技术的分类

引言：VR 技术的类型有多种划分方式。按照浸入性和交互程度的不同，VR 系统可以分为非浸入式虚拟现实系统、半浸入式虚拟现实系统和浸入式虚拟现实系统；按照功能又可分为简易型虚拟现实系统和沉浸型虚拟现实系统；按照虚拟现实平台的不同形式、交互的程度差异以及沉浸程度的高低，则可分为沉浸式虚拟现实系统、桌面式虚拟现实系统、增强式虚拟现实系统和分布式虚拟现实系统。本章将详细介绍 VR 技术的不同分类。

2.1　VR 技术的分类概述

按照虚拟现实系统的浸入性和交互性程度的不同，可以将虚拟现实系统分为非浸入式虚拟现实系统（Non-immersive System）、半浸入式虚拟现实系统（Semi-Immersive System）和浸入式虚拟现实系统（Immersive System）。非浸入式虚拟现实系统通常是由个人计算机呈现虚拟环境，并不需要其他特别的设备支持，因此又称为桌面虚拟现实（Desktop-VR）；半浸入式虚拟现实系统是桌面虚拟现实的加强版，提供一些头部追踪等技术提高用户的沉浸感，但依然使用传统的二维显示器显示图像；浸入式虚拟现实系统通常会需要一些特定的设备让使用者产生较强的浸入感和更自

第 2 章 VR 技术的分类

然的交互。

VR 系统按使用功能划分可分为简易型虚拟现实系统和沉浸型虚拟现实系统两种类型。简易型虚拟现实技术按实现方式划分又可以分为基于照片的虚拟现实技术和基于三维造型的虚拟现实技术。基于照片的虚拟现实技术，分为全景、物体和场景三种，在实际中可灵活应用。它的优点是实地拍摄，有真实感，照片的获取较简单、浏览流畅，缺点是交互性有限。基于三维造型的虚拟现实技术主要分为两类：一类是以虚拟现实建模语言 VRML 为代表的，主要用于虚拟空间场景的技术；另一类则着重于 3D 物体的再现，代表技术是 Cult3D。它需要构建三维造型，而建造三维模型较复杂，需要使用者有一定的使用三维软件的基础，且真实感差，它的瓶颈是带宽有限，优点是交互度高。

根据用户使用的虚拟现实平台的形式、交互的程度差异以及沉浸程度的高低，虚拟现实还可分为桌面式虚拟现实系统、沉浸式虚拟现实系统、增强式虚拟现实系统和分布式虚拟现实系统四种，这也是被使用最多的一种分类方式。

（1）桌面式虚拟现实系统又称简易型虚拟现实系统、窗口虚拟现实系统，是利用个人计算机等设备实现与虚拟世界交互的简易虚拟现实系统。它基本上是由一套普通的计算机系统组成，以计算机的屏幕作为用户观察虚拟环境的一个窗口，其实就是使用个人计算机仿真。使用者使用普通的计算机，在一些专业软件的帮助下，通过键盘、鼠标与虚拟环境进行交互，就能真实地感受到所虚拟的情景，用户可以在仿真过程中设计各种环境。这一套经济实用的系统，因其结构简单、价格低廉的特点，易于市场普及推广，但由于易受到周围现实环境的干扰，参与者沉浸程度低，体验不够真实。桌面虚拟现实系统虽然由于没有头盔显示器而效果不理想,但它的成本相对低廉,所以应用比较普遍,而且它也具备了虚拟现实系统的基本特点。常见的桌面虚拟现实技术有桌面三维虚拟、基于静态图像的虚拟现实 QuickTimeVR、虚拟现实语言 VRML 等。如图 2-1 所示,市场上常见的桌面式虚拟现实平台。

图 2-1 桌面式虚拟现实平台

(2)沉浸式虚拟现实系统是一套比较复杂的高级虚拟现实系统,也是一种较理想的虚拟现实平台系统。它可以提供更加完全的沉浸体验,使用户有一种身临其境的感觉。它利用头盔式显示器或其他设备,把参与者的视觉、听觉和其他感觉封闭起来,并提供全新的、虚拟的感觉空间,使其产生一种身处虚拟环境中的错觉。参与者头戴头盔、手戴数据手套等传感跟踪装置与虚拟世界进行交互,使其产生完全沉浸的感觉。因参与者的视觉、听觉与外界完全隔离,故而可以全身心投入并沉浸其中。在沉浸式虚拟现实系统中,真实世界被有效地屏蔽在感觉以外,所以它的仿真体验要比桌面虚拟现实系统更生动、更真实。与此同时,为了满足多人共同体验的需求,沉浸式虚拟现实系统还使用投影仪和液晶式电子屏幕搭建出洞穴般的结构,让用户佩戴 3D 眼镜,站在其中进行虚拟体验。这种沉浸式系统的优点是用户可以完全沉

第2章 VR技术的分类

浸到虚拟世界中去，缺点则是虚拟设备尤其是搭建平台的硬件价格相对较高，因此难以大规模普及推广。常见的沉浸式虚拟现实系统有基于头盔式显示器的 VR 系统和基于电子屏幕的 VR 系统等。如图 2-2 所示，北京某中学搭建的沉浸式虚拟现实平台可以让学生足不出户观察故宫全貌。

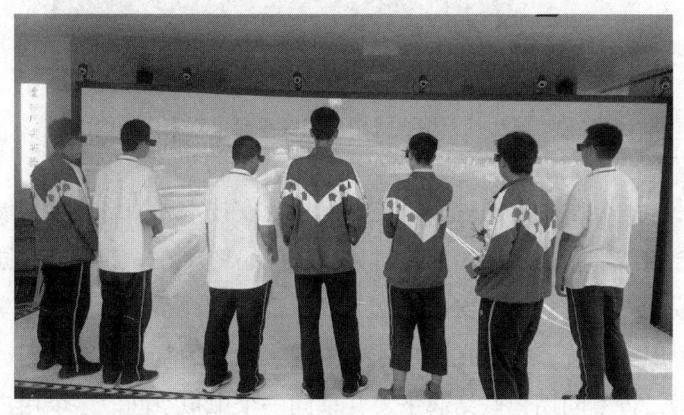

图 2-2 学生在沉浸式虚拟现实平台上观察故宫全貌

（3）增强式虚拟现实系统是把真实环境和虚拟情境组合在一起的一种系统。在增强式虚拟现实系统中，用户既被允许看到真实世界，同时也可以看到叠加在真实世界中的虚拟对象。增强式虚拟现实设计系统不仅是利用虚拟现实技术来模拟现实世界，而且要利用它来增强用户对真实环境的感受，也就是增强现实中无法体验的感受。这种系统是利用虚拟现实技术来模拟现实世界，而且要利用它来增强参与者对真实环境的感受，也就是增强现实中无法感知或不方便感知的感受。增强式虚拟现实既可以减少对构建复杂真实环境的计算，又可对实际物体进行操作真正达到亦真亦幻的境界。如图 2-3 增强式虚拟现实平台能够更好地观察人体构造。

031

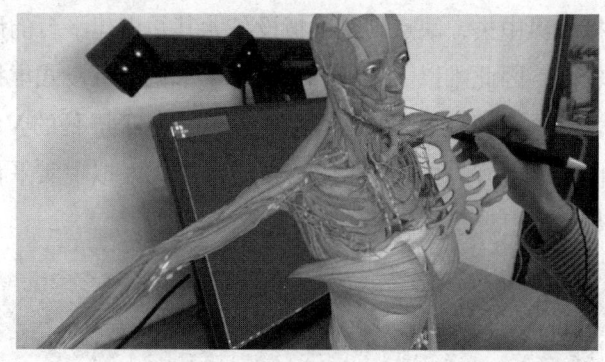

图2-3 学生使用增强式虚拟现实平台上观察人体构造

（4）分布式虚拟现实系统是虚拟现实技术和网络技术发展和结合的产物，是多个用户通过计算机网络链接在一起的，对同一虚拟世界进行观察和协同工作的虚拟现实设计系统，又称共享型虚拟现实系统。它是在沉浸式虚拟现实系统的基础上，利用远程网络，将不同用户联结起来，共享同一个虚拟空间。多个用户可通过网络对同虚拟世界进行观察和操作，共同体验虚拟经历，达到协同工作的目的。这种虚拟现实技术将虚拟现实系统和应用提升到了一个更高的境界。分布式虚拟现实设计系统是一种虚拟现实平台的升级，也是虚拟现实设计发展的方向。目前，分布式虚拟现实的研究基于两类网络平台：一是在 Internet 上，可追溯到早期基于 VRML 标准的远程虚拟购物等；另一类则是在高速专用网上的分布式虚拟现实系统。如图2-4所示，分布式虚拟现实实验室能够满足日常需求。

在实际应用中，各类虚拟现实系统满足不同用户的不同层次需求。随着网络技术的发展，网络虚拟现实作为一种形式出现了，它是一种在网络连接的基础上构建的虚拟现实系统，它主要的功能不仅在于虚拟现实，也强调分布式应用的环境。它提供了一种

第 2 章 VR 技术的分类

图 2-4 新建成的分布式虚拟现实实验室

可以共享的虚拟空间,使地理上分散的用户可以在同一时间进行交流与合作,共同完成某项工作。它兼有桌面虚拟现实系统和分布式虚拟现实系统的特征,是基于计算机的硬件环境,通过软件方法实现的基于网络连接的虚拟现实系统。与其他设备无关,既不强求沉浸感,也不排斥沉浸感。由于网络虚拟现实对设备要求不高,因此对各种虚拟现实应用层次的需求它都能够满足,具有很大的伸缩性。而且它是直接针对目前发展迅猛的互联网提出的,在应用上拥有非常广阔的前景。目前网络虚拟现实技术已经广泛地应用于工程、教育、娱乐和商业展示等众多领域。

2.2 VR 技术的硬件构成

硬件设备在 VR 技术的发展中具有非常重要的作用,以至于人们将虚拟现实描述为"头盔式显示器、数据手套",而忽略了其最本质的含义,即"真实感体验"。虚拟现实技术硬件的关键是计算机技术的发展。高速计算和传输才能实时产生更逼真的体验,避免发生计算和传输滞后带来心理疾病。支持虚拟现实的计算机一般是图形工作站。微机系统的发展，性价比高，虚拟现实技术得以从实验室和专用机构发展到社会的各个领域。沉浸感离不开头盔显示器（Helmet-Mounted Displays），第一个头盔显示器于 1966 年由麻省理工学院（MIT）林肯实验室研制成功。立体眼镜用于 3D 模拟场景的观察，它利用液晶光阀高速切换左右眼图像原理，是经济实用的 VR 观察设备。1985 年产生了第 1 个数据手套，集成了传感器技术和光纤技术等，能感知手指关节的弯曲状态，精确定位，产生力反馈，能进行抓取、移动和旋转等动作。1987 年发明了多方位体验真实感体验的传感数据服。三维空间跟踪定位器是 VR 系统中用于空间跟踪定位的装置，有 6 个自由度和 3 个自由度之分。3D 立体显示器可以实现三维模型的立体显示，观察者无须戴立体眼镜。立体投影系统是指采用多台投影机组合而成的多通道大屏幕展示系统，更具冲击力和沉浸感效果。具体来说，虚拟现实硬件可分为显示系统（内容输出端）和交互控制系统（动作输入端）两部分。

2.2.1 显示系统

1. 头戴式显示系统

头戴式显示系统的显示原理是左右眼屏幕分别显示左右眼的图像，人眼获取这种带有差异的信息在脑海中产生立体感，从而获得一种身在虚拟环境中的感觉。VR 头戴式显示器具有小巧和沉浸感强的优势，但同时也会受到封闭性较强和用户之间交流属性较弱等因素的限制。头戴式显示系统适用于第一人称视角体验的场景，如单兵训练或虚拟驾驶等。图 2-5 所示为头戴式虚拟现实设备。

第 2 章　VR 技术的分类

图 2-5　VIVE 公司推出的头戴式虚拟现实设备

2. 桌面式显示系统

桌面式显示系统，如普通显示器、全息台、AR 展示台等。桌面式显示系统占地面积较小，一般按照每人或者小组配备设备，设备之间可支持协同操作。根据设备不同，有的需要佩戴主动液晶快门眼镜或光学偏振眼镜，能在不影响交流沟通的情况下提供较高的沉浸感和直观交互，常用于学校、企业等参与人数较多的理论、技能培训场景。全息台是一款需要佩戴立体眼镜的桌面式显示系统，用户直接用交互手柄即可对眼前的全息图像进行交互。常用于全息教室教师端和学生端，为教育培训提供了一个即时交流和可持续创新的虚拟世界。AR 展示台适用于大场景、复杂逻辑内容仿真，属于桌面沙盘式显示系统，广泛应用于教学演练、展示营销、产业设计和军事推演等领域。如图 2-6 所示，Zspace 公司推出的桌面式虚拟现实设备。

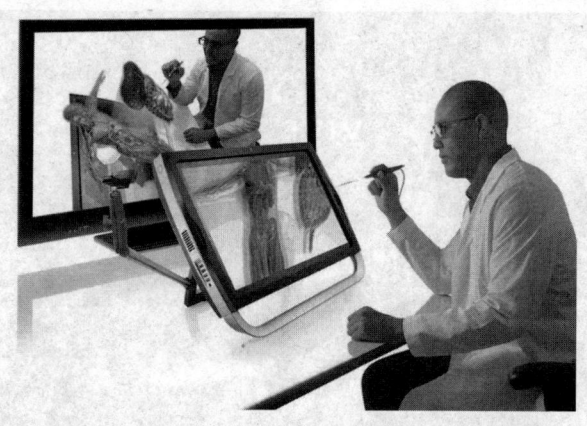

图 2-6 Zspace 公司推出的桌面式虚拟现实设备

3. 大屏显示系统

大屏显示系统包括多通道投影显示、大屏液晶显示、小间距 LED 屏显示等多种类型。其中多通道投影显示较为常用。

环幕大屏投影系统是比较常见的一种大屏显示系统,包含环幕系统和环幕投影,采用多台投影(通道)组成的环形投影屏幕,环形幕半径通常有 100°~360° 弧度不等,可以形成一个较高沉浸感虚拟仿真可视环境。环幕大屏投影系统具有很强的通用性和易用性,在飞行仿真模拟、虚拟驾驶、展览展示、教育培训等行业广泛应用。

沉浸感最高的是沉浸式仿真投影 CAVE 系统。该系统是由硬质背投影墙组成的高度沉浸的虚拟演示环境,配合三维跟踪器,用户可以在被投影墙包围的系统近距离接触虚拟三维物体,或者随意漫游"真实"的虚拟环境,获得深度环绕沉浸式交互体验。CAVE 系统适合对场景代入要求较高的应用场景。CAVE 系统一般由一人操作,同时可支持 10 人左右的立体体验,不影响沟通

第 2 章　VR 技术的分类

交流。CAVE 可用于虚拟设计与制造，虚拟装配，模拟训练，虚拟演示，虚拟生物医学工程，地质、矿产、石油，航空航天、科学可视化，军事模拟、指挥、虚拟战场、电子对抗，地形地貌、地理信息系统（GIS），建筑视景与城市规划，地震及消防演练仿真等多个领域。如图 2-7 所示，沉浸式虚拟现实设备构建的环形屏幕，可以让用户体验真实的沉浸感。

图 2-7　沉浸式虚拟现实设备的环形屏幕

2.2.2　交互控制系统

1. 数据手套

数据手套是一种多模式的虚拟现实硬件，通过软件编程，可进行虚拟场景中物体的抓取、移动、旋转等动作，也可以利用它的多模式性，作为一种控制场景漫游的工具。目前的产品已经能够检测手指的弯曲，并利用磁定位传感器来精确地定位出手在三维空间中的位置。这种结合手指弯曲度测试和空间定位测试的数据手套被称为"真实手套"。数据手套为操作者提供了一种通用、直接的人机交互方式，特别适用于需要多自由度手模型对虚拟物体进行复杂操作的虚拟现实系统。一般 VR 数据手套价格适中，可以能采集 VR 数据，提供分析，但是体验真实度较差；而力反馈数据手套具有较高的体验真实度，采集数据较精确，但价格高昂，且应用相对烦琐。图 2-8 是可以与沉浸式虚拟现实平台配合使用的数据手套装备。

图 2-8　数据手套与沉浸式虚拟现实配合使用

2. 追踪系统

追踪系统又称动作捕捉系统，可实时地准确测量、记录物体在真实三维空间中的运动轨迹或姿态，并在虚拟三维空间中重建物体每一时刻运动状态的高新技术。追踪系统在全息台、CADWALL、CAVE 等系统中都配备了动作捕捉系统。光学式动作捕捉是基于计算机视觉原理，由多个高速相机从不同角度对目标特征点的监视和跟踪来进行动作捕捉的技术。这类系统采集传感器通常都是光学相机，不同的是目标传感器类型不一，一种是在物体上不额外添加标记，基于二维图像特征或三维形状特征提

第 2 章 VR 技术的分类

取的关节信息作为探测目标，这类系统可统称为无标记点式光学动作捕捉系统，另一种是在物体上粘贴标记点作为目标传感器，这类系统称为标记点式光学动作捕捉。如图 2-9 所示，G-Motion 高精度光学位置追踪系统工作结构图。

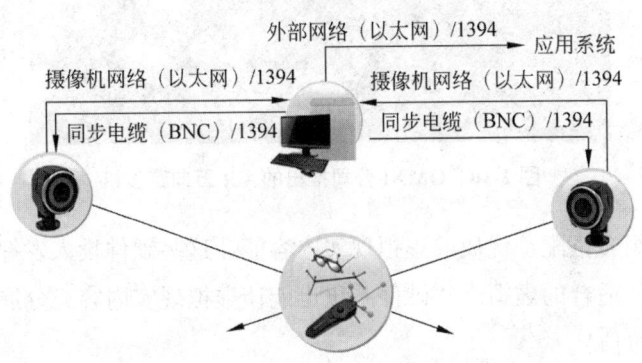

图 2-9　G-Motion 高精度光学位置追踪系统

3. VR 万向跑步机

VR 万向跑步机可以将用户的运动同步反馈到虚拟场景中，它会将人的方位、速度和里程数据全部记录下来并传输到虚拟场景，在虚拟世界中做出对现实反应的真实模拟。结合可选的 VR 眼镜或微软公司的 Kinect 配件，用户能够在现实中 360°控制虚拟角色的行走和运动，广泛用于安全演练、单兵训练等应用场景。OMNI VR 和 KAT WALK VR 是目前市面上两款最常见的万向跑步机。如图 2-10 所示，用户在 VR 万向跑步机上锻炼身体。

可以说，虚拟现实系统就是借助上面提到的这些硬件设备，来完成对人体的视觉、听觉、触觉、平衡感，甚至味觉和嗅觉的有效干扰，让体验者能最大程度的沉浸、感受虚拟世界。用户在实际使用中，可按照各硬件的特点和应用场景需要，选择适合的

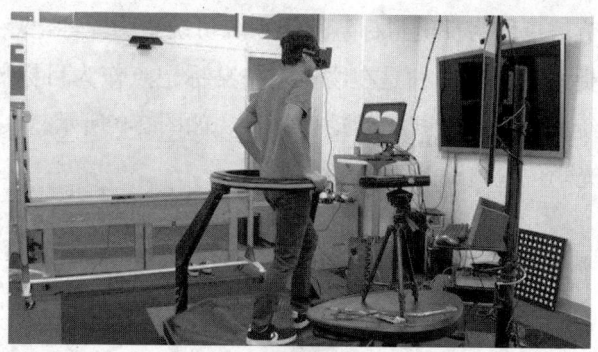

图 2-10　OMNI 公司推出的 VR 万向跑步机

产品组合搭配。优质的虚拟现实内容能让这些硬件投入发挥最佳效果！适合的虚拟现实硬件系统也能让虚拟现实内容充分展示其核心价值！

2.3　VR 技术的软件构成

　　VR 技术的发展是与 VR 软件相辅相成的。Open GL 是通用共享的开放式三维图形标准；World Tool Kit（WTK）是提供完整的三维虚拟环境开发平台；Vega 主要应用于实时视觉模拟；Open Inventor 是面向对象和交互式的专业 3D 图形开发工具包；Open GVS 用于场景图形的实时开发；EON 是实时视觉效果与物理机制以及真实的人体动作有机结合体；VRML 和 X3D 常用于基于 Internet 的网络虚拟现实；AVS/Express 涉及工程分析、航空航天、遥感和国防等领域；STK 用于航天和卫星的虚拟仿真；STAGE Scenario 是作战指挥等高度灵活开放的开发平台；CG2 VTree 是基于便携平台的图像开发包；VRAX 和 NavMode 的沉浸感做得比较好；VirSSPA 通常用于虚拟医学手术流程；VEStudio 主要应

第 2 章 VR 技术的分类

用在三维地理信息、展示和古迹复原等。国内虚拟现实软件包的研发相对美欧国家较晚，主要有 WEBMAX、VRP、"通用分布式虚拟现实软件开发平台"、北京航空航天大学的分布交互仿真开发与运行平台 BH HLA/RTI、华南农业大学的"视景仿真系统"等。

1. VRML

一个 VRML 文件包括了一些主要的功能部件，如文件头、场景图、原型和事件路由等，利用浏览器对 VRML 进行处理后，用声音和图像的形式展现出来，并且用户可以与场景进行交互。这是一种比 BASIC、JavaScript 等还要简单的语言。脚本化的语句可以编写三维动画片、三维游戏、计算机三维辅助教学课件。它的最大优势在于可以嵌在网页中显示，但这种简单的建模语言功能较弱，与 Java 语言等其他高级语言的链接较难掌握。

VRML 在网络上达到了广泛的应用。VRML 的出现使虚拟现实像多媒体和网络一样逐渐走进我们的生活，以 VRML 为基础的第二代万维网（WWW）是多媒体、虚拟现实和互联网的有机集成。第一代 WWW 是一种访问文档的媒体，能够提供阅读的感受。以 VRML 为核心的第二代 WWW 将使用户在一个三维环境里随意探寻互联网上无比丰富的巨大信息资源。

VRML 用户使用虚拟对象表达自己的观点，能与虚拟对象交互，为用户对具体对象的细节、整体结构和相互关系的描述带来新的感受。VRML 给我们带来一个全新的三维世界，让我们的互联网不再仅仅停留在平面上，它不仅支持数据和过程的三维表示，而且能提供带有音响效果的结点，用户能走进视听效果十分逼真的虚拟世界。每个人都可以从不同的路线进入虚拟世界，与虚拟物体交互，人们可以以习惯的、自然的方式在虚拟社区中"直接交谈和交往。图 2-11 所示为 VRML 的编辑界面。

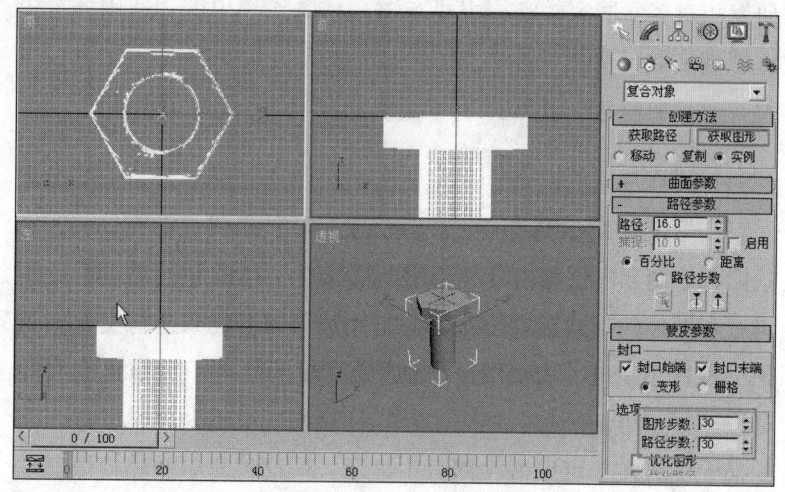

图 2-11　VRML 的编辑界面

2. Java 3D

　　Java 3D 的本质是一个交互二维图形应用编程接口，是 Java 2DSDK 的标准扩展，它有着许多其他网络编程软件无法比拟的优点：封装了 3D 开发工具 OpenGL 和 DirectX，提高了编写三维图形程序的层次，编程时不再需要考虑光照、着色、碰撞等极其复杂的图形学问题。Java 3D 从高层次供开发者对三维实体进行创建、操纵和着色，使开发工作变得极为简单。它可应用在三维动画、三维游戏、机械 CAD 等多个领域，可以用来编写三维形体。但和 VRML 不同，Java 3D 没有基本形体，不过我们可以利用 Java 3D 所附带的 UTILITY 生成一些基本形体，如立方体、球、圆锥等，我们也可以直接使用一些软件如 ALIAS、LIGHTWARE、3ds MAX 生成的形体，还可以直接使用 VRML 2.0 生成的形体。

由于Java 3D来自Java网络编程语言,而且本身用Java语言编写,因此有效地解决了网络、跨平台环境下的可视化问题。Java 3D最突出的优点在于代码的可传输性,这使用来生成可视化场景的Applet可以方便地从服务器传给客户端,然后在客户端本地运行,生成动态的三维可视化效果。图2-12为Java 3D的编辑界面。

图2-12　Java 3D的编辑界面

3. Open GL

Open GL是业界最为流行也是支持最广泛的一个底层3D技术,几乎所有的显卡厂商都在底层实现了对Open GL的支持和优化。它是一个开放的三维图形软件包,它独立于窗口系统和操作系统,以它为基础开发的应用程序可以十分方便地在各种平台间移植。另外,Open GL使用简便,效率高。它具有建模、变换、颜色模式设置、光照和材质设置、纹理映射、位图显示和图像增强图像、双缓存动画等功能。Open GL同时也定义了一系列接口用于编程实现三维应用程序,但是这些接口使用C语言实现并且很复杂。掌握针对Open GL的编程技术需要花费大量的时间和精力。除上述三种虚拟现实技术中常用的建模语言外，在应用系统开发过程中还常使用 3ds MAX、Maya 等建模工具辅助快速完成基础场景的构建，并通过接口将其导出为 VRML 可编辑的 WRL 文件。图 2-13 为 Open GL 的编辑界面。

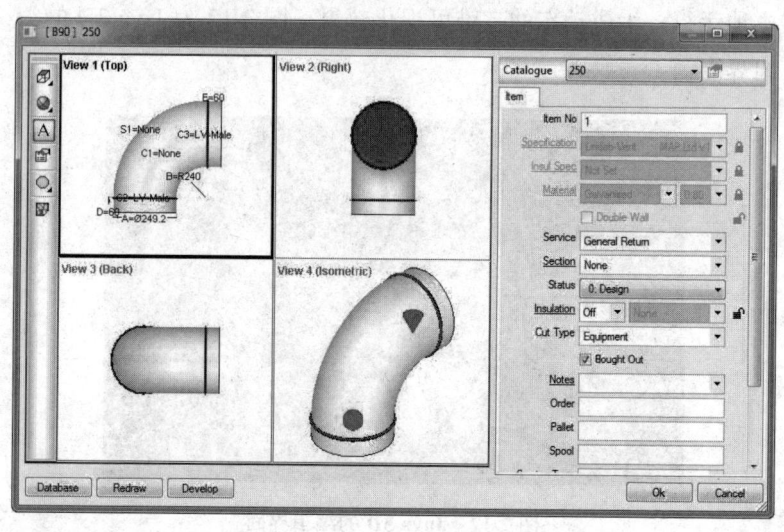

图 2-13　OPEN GL 的编辑界面

　　VR 系统的内容编辑软件作为一种工具，在 VR 系统的构建过程中发挥着不可替代的作用。在 VR 构建的虚拟情境中，我们可以随意浏览，可以直接观察、操作、触摸、检测周围环境及事物的内在变化，并能与之发生"交互"作用、真实感很强。它打破了以往建筑设计"从平面、立面、剖面到三维模型"的表现模式，设计者可在任意时间和设计的任意阶段"走进"自己设计的场景空间中，从任意的角度观察和检讨自己设计，身临其境地感受空间、尺度、环境、光线甚至是声音的变化，从而使设计更完美。

第 2 章　VR 技术的分类

本 章 小 结

本章详细介绍了 VR 技术的不同分类。VR 技术的类型有多种划分方式，目前最常见的是按照虚拟现实平台的不同形式、交互的程度差异以及沉浸程度的高低，划分为沉浸式虚拟现实系统、桌面式虚拟现实系统、增强式虚拟现实系统和分布式虚拟现实系统。与此同时，VR 系统的硬件和软件的构成也是本章重点介绍的内容。学习者可以通过本章了解一套完整的 VR 平台需要的硬件和软件以及它们分别发挥的作用。

第3章 VR技术的应用

引言： 2016年VR技术进入人们的视野，之后开始蓬勃发展。作为一项非常有发展前景的新技术，VR技术几乎在社会生活的各个方面都发挥了或者正在发挥着越来越重要的作用。从某种意义上说，VR技术改变了人们的思维方式，甚至改变了人们对世界、时间和空间的认知。如今，VR技术的应用已经非常广泛，包括教育、医疗、商业、社交互动和军事等领域。像互联网一样，VR技术已经与现实生活中的方方面面融为一体。本章我们将重点介绍VR技术在教育和其他不同领域中的应用。

3.1 VR技术在教育领域中的应用

基于VR技术的体验式学习环境是一种新型的学习环境和工具，其在体验式学习、探究式学习、实验教学、职业技能训练等方面具有重要的应用价值。它是一种近年来被国际社会广泛认可的现代化教育技术之一，正逐渐被应用到专业化的教学实践中，为学校的多元化教学以及基础设施建设提供了技术支持。

在传统的教学课堂中，学生很难长时间保持专注，学习效果也会因为注意力不集中而大打折扣。这是因为书本上枯燥的内容和空洞的言语让学生在被动地、强迫地进行学习，因此不利于激

第3章　VR技术的应用

发他们学习的积极性。而在课堂教学中引入VR技术，会使教和学的过程变得非常有趣。通过VR技术创建三维"真实"情境，能够使学习者直观地进行观察与学习，突破教学在时间和空间上的限制，使知识变得直观生动。在虚拟的学习环境中，学习比单纯依靠文字来进行交流的形式更加生动具体，在提高学习者学习兴趣的同时，又避免了学习者在学习过程容易出现的枯燥感和孤独感。同时，在学习过程中，学习者能够亲身感受到新技术对教育的影响，体会现代教育技术手段的魅力，这要比教育者单纯的说教更有说服力，更能激起学习者学习的兴趣。如图3-1所示。

图3-1　教师使用沉浸式VR平台讲授喀斯特地貌

与此同时，通过VR技术构造的虚拟教学环境，可以让学习者随时随地对各种实验设备进行旋转、平移、缩放等相关操作，熟悉设备的操作规程，反复操作各种命令按钮，掌握设备的使用方法。在虚拟的教学环境中，实验设备可以重复使用，并且不会有任何物理上的损耗，可以最大程度上节约教育教学资源，弥补传统教学环境的不足。对于难得一见的实验，例如，化学的爆炸实验无须因为安全等原因的限制而与学生失之交臂。相反地，在虚拟的环境下展示这些危险的实验会极大地激发学生的学习兴趣和探究欲望。

VR 技术与教育的融合可以改变传统课堂中对抽象的理论知识的讲授方式，为学生的实践训练提供更好的平台。VR 技术创造的虚拟情境是对教学情境和教学内容丰富性的有益补充，可以提升学生的创造力和解决实际问题的能力。通过 VR 技术，学生可以接近并加深对理论知识的理解。通过获得特殊的经验，改善学习环境，并增加互动作用，使学习变得更加有趣，增加感官刺激，可以模拟相关的自然和社会环境，让学生通过时间和空间，模拟环境之间的互动，快速获取相关专业知识；在安全的环境中体验其中的乐趣，如冲浪、航空等运动的经验；在生物实验中，在细胞内直观地看到 DNA 的结构，帮助学生更好地理解书籍的内容。虚拟现实技术可用于帮助学生离开校园进入自然实验室、博物馆等，以提供更全面的视角和丰富的学生感受体验。可以预见，VR 技术的发展可以结合不同学科或内容制作技术 VR 教学内容为教师提供一个平台。因此，在教育中使用 VR 设备来进行授课的教学方法，具有非常广阔的发展潜力。

3.2　VR 技术在其他领域中的应用

3.2.1　VR 技术在军事领域中的应用

VR 技术最早的应用是在军事领域。1929 年，Link E.A. 成功研制出了一种飞行模拟器，该设备能为参与者提供飞行模拟体验，该设备的成功研发成为人类使用 VR 技术模拟现实物理设备的开

第 3 章 VR 技术的应用

始。如今，VR 技术已被美国国防部列为 21 世纪最能保证美军优势的七大重要技术之一。其他各国也已经认识到了 VR 技术在提高军队训练质量、节省训练经费，缩短武器装备的研制周期，提高指挥决策水平等方面都发挥着极其重要的作用。

在世界各国军事技术迅速发展的今天，武器装备体系不断更新，军事理论水平不断提高，战术战法更加接近现实需要。为了应对战场态势变化，军事人员一方面需要熟练和掌握现代化武器装备，另一方面还需要针对敌方不同的兵力部署、战术战法，研究相应的作战方案，只有这样才能从整体上达到更好的作战效能。因此，军事理论教学过程中往往涉及指挥结构、战术战法以及组织侦察、拟定作战计划、确定作战编成、组织协同动作和各种保障等较多抽象的概念、原理及作战流程，传统单一的课堂讲授模式很难在现代化军事理论教学中发挥作用。同时，军事演习又需要花费大量的人力物力，危险系数高、投入时间长，难以在短时间内针对大量不同的军事部署或作战方案进行教学分析。

VR 技术综合运用计算机、多媒体、网络、人工智能、大数据分析等多种前沿信息技术，通过构建一个与真实战场相似的虚拟情境，使得学员通过人机交互的方式在类似真实的战场环境中强化对概念、原理及作战流程的理解。早在 20 世纪 90 年代初期，美国就率先将模拟仿真技术用于军事教育领域，西方很多国家也达成了将模拟仿真技术运用到军事理论教学之中的共识。因此，VR 技术逐渐成为军事理论教学和作战实践的重要手段。它不仅可以帮助军人在虚拟的情景下更好地理解军事战略战术，还能够在一定程度上将军人带到虚拟战场的环境中来加强士兵的实践作战能力。海湾战争的美国士兵对所在的作战环境不觉得陌生，这正是得益于 VR 技术曾把他们"带入"漫无边际的风尘黄沙，让他们"身临其境"感受到大漠的荒凉。虚拟军事训练有三种训练模式：单兵模拟训练、近战战术训练和联合指挥训练。如图3-2所示，单兵模拟训练包含战斗机虚拟训练模拟器；近战战术训练供作战人员在人工合成环境中完成作战训练任务；联合指挥训练是在网络技术的支持下，在VR环境下进行对抗作战演习和训练，如同在真实的战场上。由此可以看出，VR技术能够让士兵更加直观地理解军事理论中涉及的相关概念、原理，从而有助于提升士兵的作战能力。

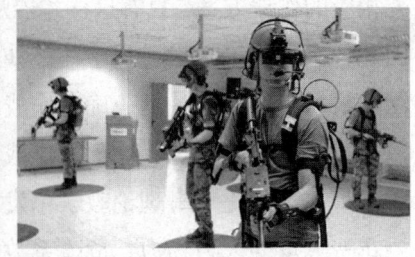

图3-2　在战斗机虚拟训练模拟器上进行单兵训练

3.2.2　VR技术在医疗领域中的应用

VR技术在医疗领域中的应用令现代医学受益匪浅，主要体现在三个方面。

第一个方面，VR技术应用于医学教育和培训，使医生可以在虚拟手术中获得视觉和触觉的双重体验，还可以灵活运用所学知识，从而积累经验。如果医学教学能够应用VR技术，则至少解剖学的课程可以缩短80%，同时可以降低学生学习的时间成本。如图3-3所示，医学生在实习过程中，需要频繁地进入医院的真实场景中，借助VR技术，医学生可以直接在虚拟场景里体验手

第 3 章 VR 技术的应用

术的整个流程，以更快地掌握解剖结构关系，在保护患者隐私的同时，还可以降低教学成本。

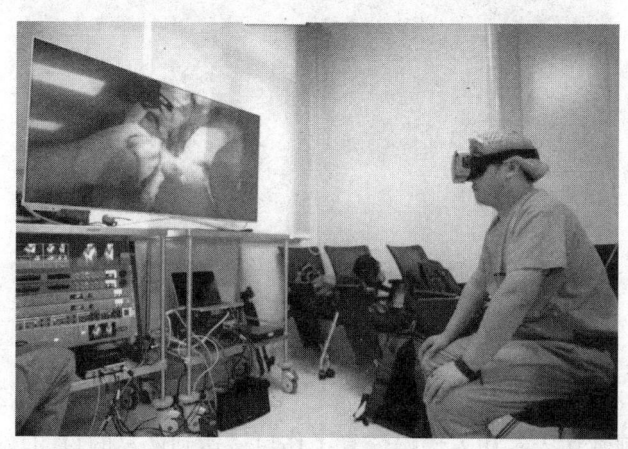

图 3-3 医学院实习生通过 VR 技术体验手术过程

第二个方面，在进行临床诊疗时，VR 技术可以帮助医院的低年资医生更容易理解各类手术的操作路径；在远程医疗方面，VR 技术可以让外地患者的各种生理参数都反映在医疗专家面前的虚拟患者身上，专家们便能及时做出结论，并给出相应的治疗措施，如图 3-4 所示。在远程外科手术时，手术医生在一个虚拟患者环境中操作，控制在远处给实际患者做手术的机器人的动作。除此之外，在实际的临床操作中如何提高成功率、减少失误发生率等方面，医患双方最大的共识就是精密仪器等必要设备的引入。所以，在术前准备和术中辅助中运用 VR 技术，是有很大价值的。如 VR 技术可以在医患沟通中，让患者及家属更直观更好地理解手术方案，获得充分的知情和选择的权利，增进医患双方的理解，减少医患矛盾。

第三个方面是应用于心理医疗，VR 技术可以让医生一步一

图 3-4　医生之间通过 VR 技术讨论病情

步地刺激病人，病人慢慢恢复了伤口，达到恢复的目的，例如，波兰的医疗团队曾利用谷歌技术和 VR 技术对一名 49 岁的男性患者进行手术治疗。此外，VR 技术在暴露疗法中也有着重要的应用，VR 技术可以创造模拟的环境供患者进行体验操控，帮助患者摆脱恐惧的心理；同时，VR 技术还可以帮助患者减轻治疗过程中的疼痛，通过虚拟的环境来分散患者注意力。

在医学干预方面，VR 技术非常适用于精神疾病干预和康复医疗干预。精神科的患者大多反映在大脑病态思维和情感等其他问题，这些很难在真实场景中再现，用 VR 技术可以比较容易实现对患者的训练或者治疗大脑的情感创伤。除此之外，VR 技术还能辅助治疗焦虑症、创伤后应激障碍症、自闭症等各种心理方面的疾病。在康复医疗方面，VR 技术可以干预患者做康复训练。例如，一些患者在进行康复时需要收缩股四头肌，由康复医生说出来，一般的患者并不知道该如何进行这个动作，用 VR 技术辅助，可以让患者身临其境地感受，并引导他们做更精准的康复治疗。

3.2.3 VR技术在救援领域中的应用

VR系统是由多种技术所构成的大型综合集成环境。自然灾害与人为灾难性事件等突发灾难无可避免,且目前尚无任何一项科技可有效阻止这些灾难的发生,但通过适当的应急救援演练可最大限度地减少伤害并挽救生命。目前,VR技术是与灾难救援演练相关且最具有前景的技术之一。

VR技术在灾害应急救援演练中的优势非常明显。虚拟训练环境具有更为逼真、使受训者有"身临其境"之感、立体画面情境多变、训练突出点强、可控制性强等诸多优点。VR头盔除具有通信、红外夜视、防护功能外,还可使受训人员在同一事物中看到眼前虚拟物体和真实环境的实时交互,如受训人员可通过头盔了解眼前的真实环境,还可看到视野另一侧的灾害环境模拟地图,可在地图中精确标示出被救人和施救人员的位置,并通过VR系统分析出救援的最佳路线和方案等。救援人员还可佩戴对救援现场环境有关数据的分析表,及时了解救援现场的温度、湿度、二氧化碳及相关毒性污染物等参数变化,还可掌握自身生命体征参数变化。

地震是众多的灾难中最常见的一种,震后救援对于救援人员的专业性以及救援的时效性要求极为严格。VR技术早在2006年就被我国引入国家地震紧急救援训练基地,先后开发了面向应急管理人员"看现场,做决策"的地震应急救援VR演练系统,面向救援队员救援训练的地震现场救援训练系统和面向公众应急避险体验的地震应急避险逃生游戏等。对于大多数地震多发国家,都有一套完整的地震应急管理体系,一般包括:地震应急指挥系统、专业紧急救援队伍、救援装备研发中心、救援训练基地等。其中，救援训练基地作为培训救援队员专业技能、锻炼队员健壮的体魄和旺盛精力的场所，为确保现场救援工作能够有效开展奠定了基础。如图 3-5 所示，VR 技术可以进行模拟灾难救援训练。

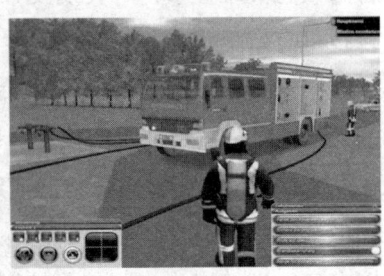

图 3-5　使用 VR 技术进行灾难救援训练

　　VR 技术用于地震应急救援虚拟训练已有研究，有从营救行动的多个业务模型出发研究针对专项救援技术的单兵式虚拟训练系统，也有从指挥管理和救援能力双方面考虑建立的既有单兵训练、又有全局指挥的虚拟训练系统。当今急需培训更多的专业救援队伍，而我们正面临着训练基地紧缺、训练设施落后、训练方式偏于常规等诸多问题。其中，常规训练不能很好调动队员的积极性，且常规训练模式不够人性化，缺少对受训人个人情况的了解以及受训队伍整体水平的把握。

　　结合地震应急救援训练基地的实际情况，我国研发的地震应急救援 VR 训练系统着重于单兵训练模式。利用 VR 系统建立三维灾场环境图像库，包括地震发生背景、地震现场场景、各种救援设备和救援人员等。通过背景生成与图像合成创造出与真实地震相似的虚拟灾场环境。穿戴 VR 装备的人员"真正"进入虚拟的灾场，虚拟训练系统可设置不同的训练场景，给出不同的情况，而受训者通过 VR 装备上的操作传感装置做出或选择相应的技术

第3章 VR技术的应用

动作,输入不同的处置方案。该训练系统可以使受训者体验不同的效果,并像实战一样锻炼和提高技术水平、快速反应能力和心理承受力。应急管理培训系统的建设目标是为应急管理人员培训提供多种突发事件处置体验式教学推演平台,通过体验式培训与演练,让学员有身临其境的感觉,掌握现场灾害处置中如何快速响应、决策、处置与协调,实现看灾害现场、做救援决策的交互式推演与演练。

3.2.4 VR技术在娱乐领域中的应用

VR技术的快速发展带动了包括游戏和电影等在内的娱乐领域的进一步发展。各大游戏开发商都将VR技术应用于游戏设计中,力求以先进的VR技术为支撑,突破空间上的约束,增加玩家与游戏环境之间的互动体验。早期游戏设计中仅仅能够采取光枪模式拓宽游戏内容,但是随着VR技术的深度融合,游戏与玩家之间的互动也在逐渐加强,目前通过虚拟性环境就能够最大幅度还原玩家在游戏中的代入感。而VR技术之所以让人们如此向往,就是在游戏内容不发生任何改变的情况下,通过身临其境般的虚拟情境来为玩家提供不同的游戏体验。

在过去两年中,虚拟现实设备、内容、便携式游戏控制器等分化的领域的技术正在增加。众多科技公司都推出了应用新VR装备的虚拟游戏产品,如OMNI虚拟游戏机、极限竞速(虚拟赛车游戏)等。VR技术的发展随着游戏应用商业化的进程正在不断加速,越来越多领域的研究者加入进VR游戏的开发中。如图3-6所示,对于玩家来说,大概没有比在游戏场景中戴上VR头盔,随着音乐跳舞,或者拿着手柄进行拍摄更加刺激的了。

图 3-6　全国各地都在投资建设 VR 体验公园

除了将 VR 与游戏的深度融合,得到了用户的广泛好评之外,VR 技术在电影中的应用也同样为用户带来了美妙绝伦的视觉体验。相比于 3D 电影、IMAX 电影和其他屏幕上的创新,语言和视听叙事中 VR 技术的变化可以被称为革命性的再创新。传统电影使用的是二维图像显示,而 VR 电影则是 360°,可用于构建三维图像空间。VR 电影更像是一部电影游戏,观众可以选择另一个角度,在"内部"完全淹没并参与故事,体验不同的进步和故事结果的感知。如图 3-7 所示。

图 3-7　VR 电影院已经进入人们的视野

第 3 章　VR 技术的应用

本 章 小 结

本章我们介绍了 VR 技术在不同领域中的应用。如今,VR 几乎在社会生活的各个方面都发挥了或者正在发挥着越来越重要的作用。从某种意义上说,VR 技术彻底改变了人们对于世界、时间和空间的认知。VR 技术的应用广泛涉及商业、社交互动、医疗、教育和军事等领域。像互联网一样,VR 技术已经紧密地与现实世界和生活融为一体。我们相信,在未来,VR 技术的应用还会进一步地发展,为我们创造更加美好的世界。

第4章　VR技术与中学课程的融合

引言：在教育的每一次变革中都能够看到科技的身影，VR技术与教育的融合又一次验证了这一事实。VR技术能够模拟现实的情境，使学生在虚拟的情境中多方位感知真实世界中难以得到的体验。利用VR技术可以让抽象的事情变得更加直观，使学生沉浸于学习情境，减少外界环境的干扰，也能够学习到更多书本上没有的知识。本章将详细介绍VR技术在中学教学中的应用现状，探究VR技术与中学课程融合的理论基础与现实意义。

4.1　VR技术在教学中的应用

在现代社会中，教学和技术是相互联系的，它们都是日常生活的重要组成部分。将技术应用于教学中可以使教和学变得更有意义、更先进且面向未来。VR技术正越来越多地被应用于教学实践，以通过丰富学习过程激发学生的兴趣并提高他们的注意力。

VR技术在教学中的应用是指将VR技术应用在中学课堂的教学活动中，基于VR教学资源，利用VR设备、应用系统等，为学习者创造一个开放互动、身临其境的三维学习环境。它突破了传统教学模式时间、空间的局限，能让学习者获得比传统教科书更清晰、更有效的教学效果。

第4章　VR技术与中学课程的融合

4.1.1　我国中学应用VR技术的现状

我国开始在VR方面进行研究要追溯到20世纪90年代，由于当时技术不够先进，设备不够完善，技术成本高昂，因此那时VR技术应用仅局限于小范围内。直到人机交互技术的逐渐发展以及一些相关设备的完善，VR技术才真正开始进入国内市场。目前，国内现有的VR教学主要包括两个方面：一是在教学中应用VR技术；二是针对VR的人才培训。由于我国学校数量众多，学生群体庞大，VR人才缺乏，因此，VR在教学中的应用在我国具有相当大的市场潜力。

2013年，教育部通知要求各省区市教育主管部门、各部属高校开展国家级"虚拟现实实验教学中心"的建设工作，要求教学中心提供安全、可靠、经济的实验项目，以规避高危或极端环境造成的危险实验的发生。《2017年高等教育版地平线报告》中提到虚拟现实和增强现实技术在中期（2017—2019）应作为影响教育发展的重要技术。不少学校纷纷开始尝试推进"VR+教育"，如2016年12月，北京八一中学进行了一堂VR化学课，课程内容是手机有机材料的合成，利用VR设备合成能将大家肉眼看不到的抽象的物体转变成具体可见的物体，再用3D的形式展现出来。

同年，北京市第六十五中学建设了200m^2的虚拟现实实验室。安装了大型的沉浸式虚拟现实平台、桌面式虚拟现实平台和头戴式虚拟现实设备。利用VR技术构建的虚拟化学实验室能够规避各种危险化学事故的发生，在中学生物、化学等学科的教学过程中，师生常常由于风险因素而难以接触到具有腐蚀性、毒性、爆炸性的危险化学物品,从而对这些物品较难有直观的体验。有了虚拟化学实验室,师生都能放心地在虚拟环境中使用这些化学物品做实验,既可以免除学生因操作不当等情况而导致的人员受伤事故,降低操作失误的风险,也无须担心实验药品不足的问题,教学效果能得到极大提升。以往常常因安全危险实验导致的悲剧可以在很大程度上被避免。

通过 VR 设备中的教学案例,学生还能够在虚拟世界里与历史文物接触,能更好地体验历史的趣味。学生们坐在教室里就能"穿越"到不同的年代,如 VR 历史课能将学生带到虚拟的故宫中,让学生们能够充分地体验故宫博物院中宏伟的建筑。在初中地理课上,教师还能把戈壁、沙漠和喀斯特等地形地貌通过 VR 技术"搬"到课堂上来,让抽象事情更直观,学生们通过 VR 技术学习到了更多书本上所没有的知识。

在传统的通用技术课上,为了让学生了解建筑的结构,学生只能通过观看幻灯片上的平面图像信息来获取知识内容,缺乏实践的构想只能是纸上谈兵,并不能真实体验到建筑的外部尺度和内部空间。利用 VR 技术,学生可以对古代的经典建筑进行观察和探究,并对建筑进行虚拟拆装和搭建。学生进入一个虚拟现实的古代建筑后,可以随意观察、多角度、多方位地查看建筑内部或外部的各处细节,还可以做相应的改变,比如采光、天花板高度、楼层等,因此学生们能实时了解到古代建筑设计的特点和优势。不仅节省了教学实验场地、设备等成本,使成本更加低廉,也使得未来的建筑将综合更多因素,将更加合理化。

2018 年 9 月,浙江大学与哈佛大学联合设计了一堂名为"吉萨金字塔:技术、考古与历史"的 VR 课程,利用 VR 技术,在课堂上真实地还原了历史上金字塔的模样,甚至能够清晰地看到

第4章 VR技术与中学课程的融合

里面的浮雕、壁画等物件,学生们可以任意选择其中一件物品进行点击,物品相应的3D模型便会弹出,从而可以进行各个角度的观察。在VR技术的辅助下,学生可以对大量历史古迹的细节进行查看、观察与学习。现在,在教学中应用VR技术的中学越来越多。一方面,人们看到了VR技术对教学的巨大帮助,让教师们不断主动进行变革;另一方面,越来越多的厂家开始从关注硬件设备转变为关注软件内容,这使越来越多符合教学和课堂的VR内容出现在市场上,更将进一步促进教师们的应用。我们相信,在未来,VR设备会逐渐成为教师教学必不可少的教具之一。

4.1.2 VR技术在教学应用中的优势

通过虚拟现实技术创建三维"真实"情境,能够使学习者以直观的方式进行观察与学习,突破教学在时间和空间上的限制,使知识变得直观生动。在虚拟的学习环境中,学习形式更加生动具体,在提高学习者学习兴趣的同时,又避免了学习者在学习过程容易出现的枯燥感和孤独感。

通过虚拟现实技术构造的虚拟教学环境,可以让学习者随时随地对各种实验设备进行旋转、平移、缩放等相关操作,熟悉设备的操作规程,反复操作各种命令按钮,掌握设备的使用方法。在虚拟的教学环境中,实验设备可以重复使用,而且不会有物理上的损耗,最大程度上节约教育教学资源,弥补传统教学环境的不足。

1. VR技术为学生自主学习提供了有利条件

虚拟现实和增强现实教学资源存在形式多种多样,根据采用的设备不同,可以将教学资源保存在网络运营平台、桌面式设备、移动设备和纸质图书里,学生可以在不同的地方采用不同的设备调用虚拟现实和增强现实教学资源进行随时随地的自主学习。例如,学生在课堂上对有些知识点未能掌握,可以重新学习一遍,增加对知识的巩固和理解,有时学生因为特殊原因未能在课堂上学习,也可以课后弥补,同时可以将虚拟现实和增强现实设备作为载体采用"翻转课堂"或"微课导学"教学模式组织教学,为学生提供自主学习条件,教师也可以从重复性讲解中解脱出来,有针对性地为学生答疑解惑,有助于传统教学方式的变革。

2. VR技术为学生提供更加真实的情景

在传统的教学课堂上,知识的传输主要通过文字、图片、声音、动画和视频的形式呈现。遇到比较复杂的情况,比如数学课的立体几何、地理课的天体运动、物理课的磁力线和电力线、化学课的微观粒子结构、生物课的细胞结构等,教师用语言很难把这些知识点表达得非常清晰,同时由于每个学生的理解力不同,教学效果也会因人而异,甚至初次学习这些知识的学生会得到"盲人摸象"般的感受。而采用虚拟现实和增强现实技术组织教学,三维立体效果的呈现可以弥补这样的不足,能够把知识立体化,把难以想象的东西直接以三维形式呈现出来,让学生直观感受到文字所表达不出来的知识,真实的情景可以帮助学生对知识的理解和记忆,使学生的想象变得更加丰富。

3. VR技术可以提高学生的学习兴趣

由于虚拟现实和增强现实技术具有视觉、听觉和触觉一体化的感知效果,学生具有真实情境体验、跨越时空界限、动感交互穿越的感受,能身临其境般在书海里遨游,让书本中的内容可触摸、可互动、可感知。

身临其境的感受和自然丰富的交互体验不仅极大地激发学习者的学习动机，更给学习者提供了大量亲身观察、操作以及与他人合作学习的机会，促进学生的认知加工过程以及知识建构过程，有利于实现深层次理解。传统的学习方式让很多学生觉得枯燥乏味，为了应付考试不得不死记硬背，但很多知识在学生考完之后很快会忘得一干二净，而采用虚拟现实和增强现实技术组织教学，新颖的学习方式和丰富多彩的学习内容能够极大地提升课堂教学的趣味性，生动形象的场景能够加强学生的记忆，激发学生的学习兴趣。而且"兴趣是最好的老师"，兴趣也是学生学习新知识的不竭动力。

4. VR技术的应用能促进教育资源均衡化

我国幅员辽阔，地区之间贫富差距较大，存在教学资源分配不均的情况。在经济发达地区，无论是软硬件配置，教学师资和教学资源都非常丰富，而经济落后或偏远的山村学校学生连接受最基本的教育都难以实现。各级政府和教育主管部门都在大力推进教育均衡发展，加大教育投资力度，而虚拟现实和增强现实技术应用将是解决城乡教育资源不均衡问题的一把金钥匙，有利于缓解教育资源两极分化，扩大优质资源的分享范围，能让教育资源不再受限于地区和学校，让教育发达地区的名教师通过虚拟现实和增强现实课堂走进山村学校，能通过整体优化教育资源配置，缩小城乡差距，实现教育公平，同时这也是教育扶贫的较佳途径。

4.1.3 VR技术在教学应用中的挑战

1. VR使用舒适度尚需提高

工业和信息化部曾在《2016虚拟现实产业发展白皮书》中

指出，VR 由于硬件技术的局限，软件可用性差，应用领域有限，最终导致效果不够理想。那些考虑自己购买 VR 产品尝鲜的消费者，用户体验也不好。当前市场上的 VR 头盔都较笨重，长时间佩戴会产生不适。在产品的用户体验中，反馈较多的是眩晕感，眩晕感主要是由延迟造成的。用户使用 VR 设备时间过长，摘下后可能会感觉视线模糊。由于 VR 技术自身的局限性，在画质上还无法做到理想的逼真效果。虚拟现实也并非现实中的真实世界，我们通过 VR 看到的立体世界大部分都是由 360° 的 2D 画面合成而来，而并不是真正身临其境的视觉体验，降低了体验感。

2. 设备价格昂贵，操作不易

相对于国外，我国 VR 技术的发展较为滞后。VR 硬件设备昂贵，与教育现状存在脱节。VR 技术在教育领域的主要消费群体是学生，价格是较大障碍之一。虽然 2016 年市场上出现了很多廉价的 VR 设备，如三星公司设计的廉价的头戴显示器 Gear VR 和谷歌的纸盒眼镜 Cardboard 等，但目前 VR 市场仍然存在着性能与价格两难的问题。很少有学校能够承担价格高昂的大规模采购 VR 相关设备的费用。由于 VR 操作软件系统不够完善，设备使用起来相对复杂，使用设备时需要专业的人士进行指导操作，学生自己很难进行独立操作。这些问题都在很大程度上制约了 VR 技术的大规模推广。

3. 传统教学理念难以打破

传统课堂教学结构主要是以教师为中心的教学方式，而虚拟现实在教育领域中的应用则强调以学生为中心的教学方式。在虚拟现实教育环境中，教师不再是知识的传授者，而是起着引导和辅助的作用；学生不再是知识的被动吸收者，而是主动探索并发现和习得

第 4 章 VR 技术与中学课程的融合

知识。这样就要求无论是教师还是学生都要转变传统的教与学的模式。虚拟现实在教育领域中应用的最理想的趋势是将虚拟现实融入学校的传统课堂结构中,但虚拟现实学习环境所突出的"以学生为中心"的教学理念同传统教学课堂所倚重的"以教师为中心"的教学方式之间如何进行衔接还有待进一步地实践和研究。

4.2 VR 技术与中学教学深度融合的理论基础

VR 技术应用于中学教育中,是符合诸多教学理论指导思想的。支撑 VR 在中学教学中应用的理论依据主要包括:认知主义理论、建构主义理论和"经验塔"理论。

4.2.1 认知主义理论

认知主义理论认为人类的学习是外部知识及其结构内化为心理结构的过程,是在原有经验的基础上对知识的重组。认知主义理论从人的心理活动角度探究认知结构在学习中的重要性,它强调一种心理过程,这个过程是人们学习、记忆新信息或者新技能的过程。认知主义理论主要有个体式认知和分布式认知。

个体式认知主要是指主体的感知,即学习者通过一些比较简单的编码、记忆进行学习的内部的认知过程。VR 中的交互认知就是一种个体认知方式,即主体的感知,其中包括视觉、听觉和触觉等感知。

分布式认知是一个系统,这个系统包括认知主体和环境,同时,它也是一个信息加工的过程,这个过程是对内部和外部表征的信息加工。分布式认知作为一种认知活动，它强调认知分布在个体内、个体间、认知媒介、认知环境、时间、社会等要素之中。由于它强调的是认知主体和周围环境分布的本质，对于 VR 在自主探究式学习中实现的启示主要体现在三个方面：第一，认知过程离不开媒介，VR 的交互性、沉浸性、构想性的特征决定了 VR 是非常有效的认知媒介；第二，VR 的协同合作和实时交互体现了分布式认知的社会性；第三，认知过程一定是向前发展的，具有一定的时间维度，VR 具备随时、随地、自主地进入学习的功能，避免了对学生一次性的知识灌输和对学生求全责备。

4.2.2 建构主义理论

最早提出建构主义理论的是皮亚杰，建构主义理论是认知主义理论的进一步发展，也被称为后认知主义或者结构主义。之后在皮亚杰、维果茨基、布鲁纳等人的思想基础上得到了综合与发展，形成现在的建构主义。建构主义理论认为学习者不是被动地接受教师讲授的知识，而是通过他人或一些学习资料的帮助来获取知识，而这种方式在一定的情境下是通过意义建构得来的。相较于认知主义理论，建构主义理论认为获取知识的过程必须存在"情境创设""对话协作""意义建构"三大要素。建构主义理论是更注重情境创设的。VR 主要以多媒体技术等一些信息技术为基础，VR 的主要特征和建构主义的三大要素交相辉映，其对应关系如图 4-1 所示。

从图 4-1 可以看出，VR 具有高度沉浸感的虚拟环境可以给学习者提供逼真的学习情境；VR 的交互性可以实现超越时空和地域的远程协作，使学习者能够方便、快捷、自由、开放地进行

第 4 章　VR 技术与中学课程的融合

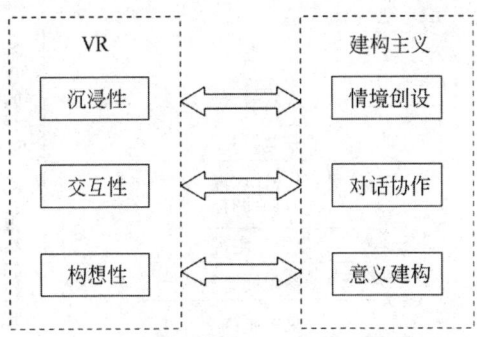

图 4-1　VR 特征与建构主义的对应关系

交流协作；VR 还可以通过创设逼真的学习情境、设计灵活多样的交互方式、提供声文并茂的多感官刺激以及通过网络将学科知识系统化等多种方式都有利于促进学习者的意义建构。因此，将 VR 应用于自主探究式学习有利于知识的记忆与迁移，对学习者的知识建构非常有利，这都是其他教学媒体所不具备的。

4.2.3　"经验塔"理论

"经验塔"理论是由美国著名视听教育家戴尔于 1946 年在其著作《视听教学法》一书中提出的。他认为有的经验是通过直接方式得来的，有的则是通过间接方式得来的。"经验塔"是一种关于学习经验分类的理论模型，戴尔在从具体到抽象的基础上，把习得的经验从直接经验到间接经验，按照抽象程度的不同分为三大类，即实践的经验、观察的经验和抽象的经验，又将这三大类经验细分为十个层次，如图 4-2 所示。

从以上的理论模型分析可得，戴尔"经验塔"理论对 VR 在自主探究式学习应用中的研究具有一定的指导作用。

首先，"经验塔"是从塔基到塔尖，由具体到抽象的一个图解。

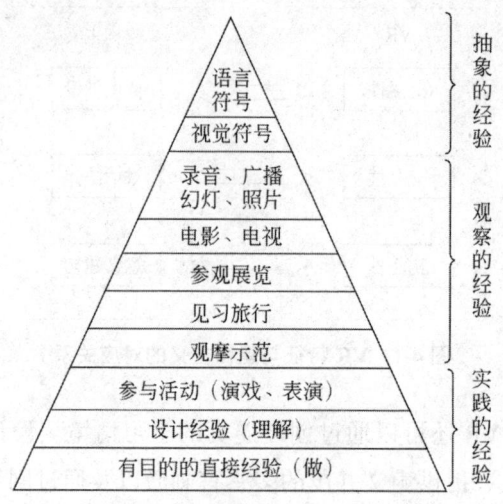

图 4-2 "经验塔"理论模型

VR 是在塔尖视听感觉的基础上,又将多种感官融合进去,为 VR 在自主探究式教学的应用上提供了理论基础。

其次,塔尖的稳固离不开塔基,也就是说,将 VR 应用于自主探究式学习必须与基础课程相结合,在这一基本思想的发展和深化下才能形成系统的教学方法。

最后,随着计算机的飞速发展,各种教学媒体都在发挥着巨大的威力。VR 作为一种新型的教学媒体可以加入"塔"的适当位置,也就是应用于适当的教学层次上。

4.3 VR 技术与中学教学深度融合的现实意义

VR 技术与教学相融合的本质是学生体验与教师主导相结合的"探究体验式"教学模式。这种模式的核心在于以虚拟体验开始,

第4章 VR技术与中学课程的融合

从知识类型入手,在实验手段、教学形式等多个方面体现出与传统教学之间的巨大差异。因此,VR技术在中学教学过程中的应用具有如下的现实意义。

1. VR技术有助于知识在传递的过程中实现理论与实践的结合

梅耶(Mayer R.E.)认为知识包括以下三种类型:陈述性知识、程序性知识、策略性知识。不同知识类型需要不同的学习方式,不同的学习方式解决不同的学习问题,不同的学习方式适用于不同的学习内容。因此,不是所有的学习内容都适用于基于虚拟现实技术的探究体验学习。总体来说,程序性知识可以通过虚拟体验学习获得,而描述性知识和策略性知识即使不使用虚拟体验学习方式也能取得较好的学习效果。所以,基于虚拟现实技术的"探究体验"教学模式,非常强调对知识类型的判断,对于课程教学中的基础理论篇、教学设计篇、案例点评篇等以陈述性知识和策略性知识为主的教学内容,采用以课堂教学为主的理论教学形式;对于硬件使用篇和软件制作篇等以程序性知识为主的教学内容,采用以虚拟体验为主的实践教学形式。

2. VR技术注重将虚拟实验与真实实验相结合

虚拟现实技术支持的虚拟实验,与真实实验相比有其独特的优势,它能够将抽象的内容形象化,学习者能够利用计算机的交互性,从多方向、多角度、多层次学习实验设备的使用,激发学习者的学习兴趣,促进学习者形象化思维的形成。然而使用鼠标和键盘操作的实验,跟真实实验中用手触摸的感觉是完全不同的。学习者在反复操作同一种方案时,每次出现的"现象"完全相同,大脑容易处于抑制状态,对实验信息的接受能力将会降低,在单位时间内学习者捕捉到的信息量小而单调。真实实验的魅力在于它的不可预知,学习者在触摸实物,进行实验操作时,能够获得真实感觉,即使学习者反复操作同一种方案,但由于外部条件的变化,每次实验传递给学生的信息多少、强弱都有变化,大脑始终处于解抑制状态,对信息的接受能力强,学生发现问题的机会多。因此,真实实验在学生的思维能力培养方面,具有不可替代的地位,虚拟实验无法完全替代真实实验的教育功能。

在"现代教育技术"课程教学的实验过程中,要坚持"虚实结合"的原则。在学习新知识时,应先由教师在课堂上将实验主要步骤进行直观演示,让学生获得一个真实的体验,提高学生对实验信息的接受能力。这样,学生在进行虚拟实验时,能够很好地掌握实验设备的原理和使用方法,避免因失误而造成的设备的无谓损耗,为真实实验打下良好的基础。

3. VR 技术强调学生体验与教师主导相结合

巴班斯基的教学过程最优化理论认为,教育最优化就是教师自觉地为完成一定的教学任务而选择最合理的教学方法手段,但并非是方法的理想化,是教师根据教学环境和学生情况,采取区别对待,把全班、小组和个别教学形式最优化地结合起来。因此,"现代教育技术"课程的"探究体验"教学模式,将虚拟教学与课堂多媒体教学、小组合作学习、网络自主学习、协作学习等教学方法优化组合,从多个层面体现对"学生体验—教师主导"这一教学过程的重视。

首先,以虚拟教学为基础,通过"看""演""探""做""思"等教学活动,来促进学生的体验学习。"探"是虚拟教学的核心,学习者在虚拟实验室中探究实验操作的具体过程;"看""演"

第4章　VR技术与中学课程的融合

"做""思"是辅助环节,是虚拟教学的有效补充,从课堂教学、网络教学、实验教学等多种形式促进学习者的学习。其次,强调教育者的主导作用,通过"布置任务""演示讲解""辅导""现场指导""总结启发"等教学活动,指导学习者的体验学习,实现以教育者为中心向学习者为中心的转变。教育者不仅要让学生掌握现代教育技术手段,还要将精力放在指导学生的"学"上,让学生学会学习,强化对学生实践能力的培养。

本章小结

本章详细介绍了VR技术在中学教学中的应用现状以及VR技术与中学课程融合的理论基础与现实意义。不可否认,VR技术与教育的融合又一次成为教学变革的科技因素。VR技术能够使学生在虚拟的情境中多方位感知真实世界中难以得到的体验。利用VR技术的特征,让抽象的知识变得更加直观,学生会沉浸于虚拟的学习情境中而不受外界环境的干扰,能够更好地学习书本上没有的知识。

第5章 常见VR平台的应用

引言：由于VR技术可以构建虚拟的情境，用户可以在VR的世界里多方位感知真实世界中难以得到的体验。VR技术平台是承载和展示VR内容的基础，不同类型的VR平台具有不同的特点，从而适用于不同的使用人群。本章将详细介绍几种常见的VR平台的特点和应用。

5.1 沉浸式VR平台

沉浸式VR平台由大面积的显示屏幕、交互追踪设备和渲染与管理系统软件三大核心构成，能够为用户提供大范围视野的高分辨率及高质量的3D立体影像，使虚拟情境媲美真实世界。追踪设备采用红外光学动作捕捉技术，能够提供高精度、低延迟的虚拟现实追踪交互操作，可以为使用者提供极佳的交互性和前所未有的沉浸感。特别是独有的洞穴式大面积显示屏幕，为有多人空间展示、教学和实操等需求的教育、商业用户，提供授课教学、内容展示、实践操作、技能训练等体验。如图5-1所示为沉浸式虚拟现实平台。

沉浸式VR平台系统是一个四通道沉浸式虚拟现实立体环境，由三部分构成，包括四台8500流明亮度的主动立体投影机，以实现三维效果的投影；六个用于实现视角追踪的红外光学追踪交互摄

第 5 章 常见 VR 平台的应用

像头；一套用于展现三维模型、实现追踪和实时交互，以及虚拟现实操作和展示的综合管理软件系统。同时该平台还可以提供 3D 教学内容素材库的扩充功能。图 5-2 为沉浸式 VR 系统的拓扑结构。

图 5-1 沉浸式虚拟现实平台

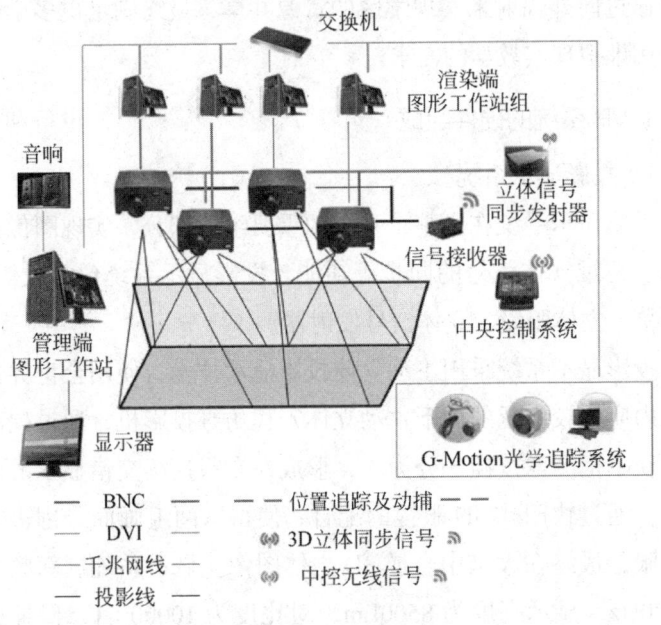

图 5-2 沉浸式 VR 系统的拓扑结构

VR 技术在数字教育中的应用

该系统建成后,3D 教学内容素材库中的模型和场景可以通过软件平台快速创建到沉浸式虚拟立体环境中,使用者只需佩戴主动立体眼镜,就可以 360°自由观看虚拟情境的立体效果,了解模型结构、原理及相关行业知识。与此同时,该平台还可通过追踪交互系统,对 3D 场景内的模型进行拆装、剖切、测量、标注、动画控制等多种人机交互操作。这些功能能够有效地改变老师授课学生听讲的传统教学方式,使学生能够在 3D 创建的虚拟情境中完成常规学习环境难以完成的学习、试验和研究,为学生提供相关领域的技术基础,进而培养学生探究及创新能力。还可以通过互动式教学来提升学生的学习兴趣,从而提高教学效率。为教师提供研究、试验及专业发展的平台,为 VR 技术在各学科中的应用提供了平台,不仅可以促进校内各学科教师之间的交流,还能够通过向外辐射来实现学区的资源共享,最终满足更多学科教师应用虚拟现实教学的需求。

1. VR 系统的硬件组成

1)投影显示系统

投影显示系统在是整个系统的重要组成部分,实现图像投影显示、三维立体信号的同步等功能。投影显示系统包含投影机、投影幕、立体眼镜、立体信号发射器。

投影显示系统采用主动立体投影显示技术,使用全世界仿真领域内应用较广泛的松下主动立体工程仿真投影机,通过提高屏幕刷新率把图像按帧一分为二,形成左右眼连续交错显示的两组画面,通过快门式 3D 眼镜的配合,使得这两组画面分别进入左右双眼,最终在大脑中合成 3D 立体图像。显示系统刷新频率高达 120Hz,显示亮度为 8500Lm,对比度为 10000:1,保证最终

第 5 章 常见 VR 平台的应用

呈现画面的逼真、细腻,为用户提供身临其境的感官体验。

沉浸式 VR 需要使用专业立体投影幕。在大屏幕投影系统整体资金比例中,屏幕可能只占用较少的一部分,但是对于整个系统的效果而言,却是至关重要的。如果投影屏幕选择不合适,就相当于为整个系统设置了一个瓶颈,无论其他设备性能多么优良,整体视觉效果都会受到抑制,无法把系统的性能充分表现出来。在以前的投影系统中,由于受技术限制,投影机的亮度无法做到很高。所以为了增加投影亮度,对屏幕一般都要求比较高的增益率,但是这样会影响对比度和色彩细腻程度。如今投影技术的发展非常迅速,投影机的亮度已经不是问题,所以对投影幕的要求中,增益率就放在了比较低的位置,而主要考虑屏幕的平整度、视角对比度和均匀度。

沉浸式 VR 系统采用主动立体眼镜,发射器与投影机或 3D 显示器做信号同步。在眼镜上不需要开关就可打开电源,只要发射器发出信号,就能完美地观看立体效果。

VOLFONI 立体信号发射器是专门为主动立体投影系统设计的高带宽红外立体信号发射器,它的最大特点是可对多种不同品牌的主动立体眼镜提供支持。VOLFONI 立体信号发射器可支持 Crystal Eyes、NuVision、NVIDIA 3DVISION、XPAD 等多种 3D 立体眼镜。VOLFONI 立体信号发射器是目前世界范围内仅有的对 NVIDIA 3DVISION 立体眼镜工作在松下 SDZ 系列、BARCO Galaxy 或 CHRISITE Mirage 投影机组成的高端立体投影环境提供支持的立体信号发射器。

2)位置追踪系统

目前,位置追踪系统应用较多的是红外光学追踪。光学追踪系统被广泛用于虚拟装配、虚拟仿真教学培训、动作捕捉等诸多领域。整套追踪系统使用红外光学跟踪摄像头作为核心支撑部件，该摄像头能够通过追踪佩戴标记点的人的动作及位置，通过计算软件确定跟踪目标的 6 个自由度位置和方向。有虚拟现实软件实时获取位置数据并实时调整画面，以便适应参与者在位置运动变换后的画面的变换。系统配备的追踪摄像头均为智能型摄像头，其辅助配件包括：低噪音 CCD 芯片、用于标记数据优化分析的"现场可编程门阵列"（FPGA）以及负责全部二维计算的内部 PC。另外，摄像头还配有红外闪光灯，可照亮跟踪目标。专门为主动式立体系统快门眼镜设计的跟踪目标，将快门的位置角度信息与虚拟场景中的模拟摄像机相互关联匹配，通过追踪人头部的运动状态来实时控制虚拟摄像机。

3）交互系统

交互系统是指虚拟现实专用的交互设备，如：手指追踪三维交互摇杆或测量工具等；同时也有各种形状的非交互式目标，包括立体眼镜、头戴式设备以及符合人体各部位的目标。其中单个红外摄像头的视角场为 75×50，分辨率为 752×448，投影画面尺寸（高×长×宽）为 2.25m×6.3m×2.25m，首先设定交互区域大小（长×宽×高）为 6.3m×2.25m×2.25m，为保证捕捉区域全部覆盖沉浸式环境，追踪系统需部署 6 个摄像头。

2. VR 系统的软件平台

1）虚拟现实展示开发平台——DVS 3D

DVS 3D 拥有强大的扩展功能，提供了足够丰富的软件接口，能够提供满足客户需要的定制化开发能力，通过对自主核心引擎的编辑，可以很好地结合客户现有的数字化设计、生产、制造系统，帮助客户解决在这些领域内的问题。自主研发的软件平台也让客

第 5 章 常见 VR 平台的应用

户的核心资料泄密的可能性降到最低。目前已经有很多国内尖端研究机构及核能领域在使用 DVS 3D 软件,很大程度上体现了 DVS 3D 软件良好的安全性。DVS 3D 可结合绝大部分主流 CAD 数据格式(UG、Caita、Pro/E、Solidworks 等),直接实时获取,无须数据转化,减少数据损坏或丢失;可以通过 3D 素材库自由搭建虚拟场景,快速制作显示效果;结合 3D 立体沉浸式显示系统和交互设备,让使用者置身真实的环境中进行设计展示、方案评审、决策评估、虚拟装配、工艺模拟、仿真可视化等交互。

DVS 3D 的主要特点如下。

(1)实时获取 CAD 数据,大数据量高压缩比优化。无须数据转换,实时获取 UG、Catia、ProE 等 CAD 设计数据,高效数据离散优化,承载千万级三角面数据量,从而有效避免了格式转换过程中的数据丢失或损坏。

(2)丰富素材库,快速场景搭建。内嵌 3D 素材库,可以在线查询下载各行业模型,快速搭建虚拟场景,丰富场景效果。图 5-3 为 3D 素材库提供的模型素材。

图 5-3 系统内置的 3D 素材库

（3）协同设计，高效沟通，优化设计。三维模型实时协同工作机制可快速获取整合多个设计师设计成果，使设计研究更准确、直观、高效。完善的材质库，支持金属、玻璃、皮革、反射、法线凹凸等材质效果，设计师可以通过材质库中的模板直接赋予 CAD 模型，通过灯光、实时光影提高渲染质量。图 5-4 所示为系统提供模型的材质渲染功能。

图 5-4　系统提供模型的材质渲染功能

（4）多通道人机交互，模拟真实操作，验证可行性。借助沉浸式多通道立体交互，模拟人机操作，通过空间和碰撞干涉模拟进行可装配性、可维修性检查。设计成果快速实现多通道立体同步，可应用于大型和小型沉浸式环境。图 5-5 所示为系统所具有的多通道立体同步功能。

2）虚拟现实展示平台——IdeaVR

IdeaVR（创世）是一款为教育、医疗、商业等行业领域打造的虚拟现实引擎，相比其他国外引擎主要定位于游戏开发，需要专业程序开发人员，而 IdeaVR 是专门定位于行业 VR 内容开发，

第5章　常见VR平台的应用

图 5-5　系统具有多通道立体同步功能

零编程基础的非专业人员也可以快速掌握。帮助行业用户解决在高风险、高成本、不可逆或不可及、异地多人等场景下的教学培训、模拟训练、营销展示等应用。IdeaVR 能够协助学校老师制作专业教学课件、进行多人 VR 授课、科研验证，帮助学生进行作业设计、分享设计成果。

3）VR 教学资源软件

为满足教学需求，在 VR 系统中内嵌了相关的教学资源软件，包括机械设计与制造、生物化学实验室、建筑结构与搭建、交通工具的设计与安全等教学案例，以实现各专业的学科教学和科普知识推广。图 5-6 为 VR 教学资源中的部分案例。

机械设计与制造类的案例通过文字、语音解说、视频或动画的形式帮助学生对常见仪器设备机械结构、装配顺序和工作原理的学习。使用机械结构的爆炸图展示设备各个构成部分，可以360°自由地转换观看设备结构的视角，方便学生学习机械设备

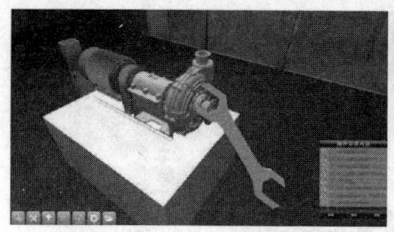

图 5-6　机械设计与制造类的 VR 案例

内部结构，从而满足中学生普及机械设备操作工具的选择及对设备进行操作的需求，如设备的安装、工作状态的切换以及仪表的调节等操作。

生物化学实验类案例资源通过文字或动画、多媒体视频资料的方式对实验过程、实验目的进行介绍，可以让学生在不接触有毒的药品、不损坏精密实验设备的前提下完成实验流程，掌握实验原理。借助 VR 系统，学生可以按照实验步骤的要求，通过键盘和鼠标交互外设选择仪器设备，完成实验步骤。在操作中如设备选择错误、药品剂量有误或操作步骤错误给予警示；在进行实验考核时，通过对实验操作时长、实验错误步骤进行统计，综合评定实验成绩，生成实验报告。

与此同时，生物学案例资源则可以帮助学生更好地理解抽象的生物学知识。例如，人体生理结构教学本就是抽象的，对于中学生来说更不易理解和消化，很难达到预期的教学效果。VR 系统中提供生理学课件，可对人体的结构进行展示与讲解。实践证明，使用 VR 来讲授诸如身体代谢过程、解剖过程、心肺模型和心血管模型的教学效果更好。图 5-7 为人体骨骼和血管模型。

VR 系统中的建筑结构与搭建案例针对古代经典建筑进行虚拟现实情境的创建。对于中学生来说并不陌生，但是建筑设计风

第5章 常见VR平台的应用

格、建筑灯光布置,尤其承载历史意义的古建筑风貌难以通过书本讲清楚,也无法让学生真正体验置身建筑中的感受。通过VR平台,将建筑场景、建筑模型的三维图像渲染到立体的虚拟情境中,学生只需要佩戴好立体眼镜就可以置身于建筑群中,获得"身临其境"的体验。图5-8为建筑与结构设计类VR案例。

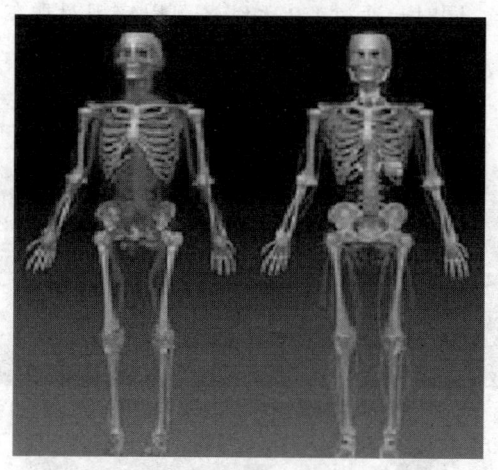

图5-7 生物与化学实验类的VR案例

图5-8 建筑与结构设计类的故宫VR案例

交通工具的设计与安全主要通过对轮船、飞机、汽车等内部结构进行展示，让学生对不同类型的交通工具的设计过程、内部结构和工作原理进行了解和探究。学生难以在日常的学习和生活中接触到汽车、飞机和船舶的设计和观察，而 VR 构建的虚拟情境很好地解决了这一现实问题，为学生提供了观察、了解和探究的宝贵机会，同时，通过 VR 系统还可以实现对乘车/乘机流程的虚拟体验，如机场环境、登机流程、乘机注意事项等，如图 5-9 所示。

图 5-9　交通工具与安全类的 VR 案例

5.2　桌面式 VR 平台

桌面式 VR 平台就是利用个人计算机载初级图形工作站等设备，把计算机屏幕作为用户观察虚拟环境的一个窗口，通过键盘、

第 5 章 常见 VR 平台的应用

鼠标、力矩球、立体眼镜等硬件设备操纵虚拟环境中的对象，实现与虚拟环境的"自然"交互。

桌面式 VR 平台作为近年来新兴的虚拟现实教学设备，发展迅速。由于其价格相对较低，且占用空间较小，桌面式 VR 平台广泛应用于教育、医疗和培训等领域。结合其易于操作的特点，可以更好地展现知识内容，并且有助于提高学生学习兴趣和提升教学效果。桌面式 VR 平台能够为体验者创造一定的沉浸感和交互感，相对于之前在书本上呈现知识，它是对传统学习方式的一种巨大变革。桌面式 VR 系统具有交互切转自然、场景运动自由、内容可视化、环境虚拟化、操控自如、体验真实等一系列特点，得到了广大师生，特别是低学段授课教师和学生的青睐。如图 5-10 所示为桌面式 VR 平台。

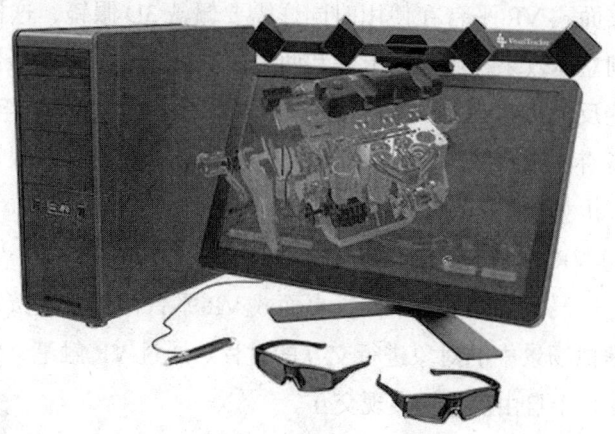

图 5-10　北京科卓公司推出的桌面式 VR 平台 VoxelStation

1. 桌面式 VR 平台的硬件组成

1）显示器和主机

桌面式 VR 平台通常使用 19~27 英寸的高清显示器，并在显示器的上方或两侧配有头部跟踪立体显示摄像头,可以通过调整头部追踪器支架的角度来调整视角舒适度。主机功能与普通桌面机一致,安装支持 VR 系统运行的各种相关软件和系统软件。

2)头部追踪摄像头

桌面式 VR 平台的头部追踪由两个或多个安装在显示器上方或两侧的追踪摄像头构成,可以确保触笔与跟踪区域内的虚拟物体进行交互操作,构建出逼真的虚拟情境。图像可以随着眼镜在跟踪区域内的位置变化而自动调节,使图像保持真实度,更有利于使用者观察,也体现了产品的人性化。跟踪系统帮助 3D 应用程序提供逼真的、身临其境的体验。当佩戴的 3D 眼镜移动时,该应用程序会调整视角,就像现实生活中的视野改变。

3)VR 眼镜

桌面式 VR 平台在使用时同样需要佩戴 3D 眼镜,这样才可以看到立体效果,此眼镜上方和两侧设有反光点,跟踪摄像头根据这些反光点来识别头部位置。与此同时,为了便于小组讨论,还配备有不带反光点的 2D 眼镜,观察者可以佩戴这种眼镜,而不会干扰对 3D 眼镜的追踪。

4)VR 触笔

与沉浸式 VR 平台不同,桌面式 VR 平台使用触笔按键来完成与虚拟场景中的对象进行交互的过程。通过 VR 触笔,使用者可以在六个自由度轻松实现交互。

5)键盘和鼠标

可以将鼠标和键盘与传统的 2D 应用程序以及支持鼠标和键盘输入的 3D 应用程序配合使用,如图 5-11 所示。需要说明的是,桌面式 VR 平台使用的鼠标和键盘与普通计算机的鼠标并没有差别。

第 5 章 常见 VR 平台的应用

图 5-11 学生使用桌面式 VR 平台进行探究

2. 桌面式 VR 平台的软件组成

桌面式 VR 平台内嵌的软件主要包含系统软件和应用软件两部分。其中，系统软件支持 VR 平台开机运行；应用软件则主要以各种模型库和素材包居多。以桌面式 VR 平台知名厂商 Zspace 为例，其系统内置了超过 1000 个模型（历史文物、建筑、考古学、人体解剖、太阳系、植物学、动物学、工艺、交通工具、雕塑）、扩充素材包和多种模型操作工具（量尺、拆解、切片、标签），还可以导入专属的 3D 模型。

1）学科、艺术类素材

Zspace STEAM 课程软件涵盖了众多的学科学习素材和艺术素材。除了 Studio（工作室）、牛顿公园、富兰克林实验室、虚拟科学，还有 2016 年加入的 Leopoly（美术软件），可视化人体、居里夫人元素、欧几里得模型。

Zspace Studio 包括 Zspace 基础平台，可扩展的模型图库如科学等。提供发现工具：支配、解剖、切割、标签；可引入自己的 3D 模型。另一个重要的内置程序是人体解剖图谱，这是一个屡获殊荣的人体解剖学通用参考资料。该应用程序是用于探索人体系统的革命性3D可视化和学习工具。它包含4600多种解剖结构,包括男性和女性身体的所有主要器官和系统。同时,还有1200多道测试题目。该应用程序面向医疗保健专业人员、患者、学生以及对人体解剖学详细可视化感兴趣的所有其他人员。教师和学生可以用ZView通过投影机或辅助显示器呈现人体解剖图集内容,如图5-12所示。

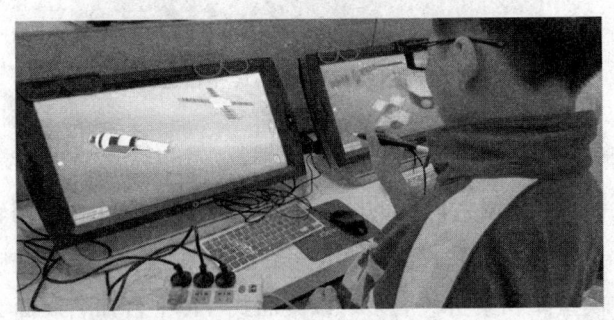

图5-12 学生使用Zspace观察航天器

2)科学、实验类素材

从生物概念到机械系统,虚拟科学3D是精细、交互体验的全面方案。通过结合Zspace的现实世界虚拟现实平台与虚拟科学3D的解剖学、科学和生理学软件,可以给使用者提供逼真的虚拟现实学习环境,并能够根据课程和学生需要提供个性化体验。

富兰克林实验室可以让学生在虚拟的环境中研究电路,教师可以设置、保存电学实验,让学生反复研究。许多电学实验里都会存在各种各样的危险,而学校在教授知识的同时,也总是想要保护学生。Zspace虚拟世界中的电学实验,为同学们提供了一个安全又充满想象的平台,学生可以在上面做各种电学实验,得到逼真的效果,又不用担心会造成伤害。丰富的素材和课件、更直

第 5 章 常见 VR 平台的应用

观的电路图、虚拟环境下的操作,给同学们更安全更有效的学习环境。

3) 3D 艺术设计

3D 艺术设计的操作非常简单,给低年级的学生提供 3D 艺术模型、展示艺术设计的平台,帮助他们创建、定制和准备模型。以 Voxel Station 平台为例,该平台为学生提供了三维建模的功能,使得任何人都可以成为 3D 设计师。学生可以浏览 3D 模型以获得灵感,然后在 VR 平台中自定义或设计原创对象。这些软件帮助教师减轻了备课压力,同时提高了学生的学习兴趣。图 5-13 为学生设计和制作的作品。

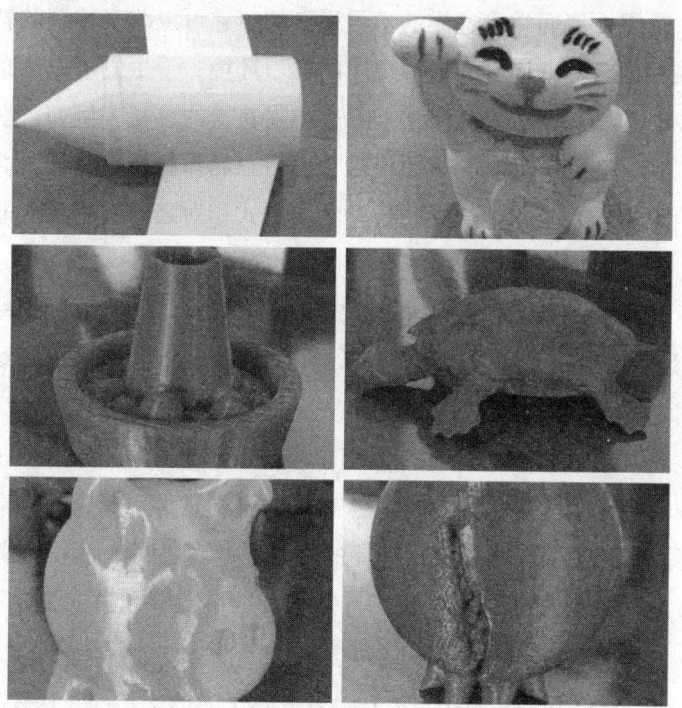

图 5-13　学生使用 Voxel 进行虚拟建模,并采用 3D 打印的创意作品

3. 桌面式 VR 平台在教学中的应用

相对于沉浸式 VR 平台的完全虚拟性，桌面式 VR 平台为学生提供了一种虚拟和现实结合的场景，不仅给学生一种身临其境的学习体验，还能轻松地切换到现实世界中。桌面式 VR 平台的触笔能将软件中的图像从显示屏中拖拽出来进行六个自由度随意转动，部分应用程序还匹配有多种感知反应，例如，学生操作心脏模型时，可以看到心脏有规律的跳动，并且能听到心脏跳动的声音。相关的调查数据显示，在美国使用桌面式 VR 平台 Zspace 产品进行教学的学区有 100 多个。Katie Farley 是 Los Altos 学区卡温顿小学的 STEAM 老师，她认为学生们喜欢用 Zspace 进行学习，是因为他们觉得这样的学习很有趣。它可以改变传统的教学方式，创造一个逼真的虚拟现实的学习环境，学生们可以用桌面式 VR 平台来探索传统课堂上无法自主获得的奥秘。例如，学生可以观察、拆解逼真的火山模型，也可以制作物理电路板，而且完全不用担心电路会烧毁。这种学习方式相对之前有了很大的改变，学生的学习兴趣和效率有了很大的提升。

北京的一所小学使用桌面式 VR 平台设计了两堂公开课——"我是考古学家"和"认识心脏"。在"我是考古学家"的课堂上，教师跟学生一起认识了猛犸象，先是简单介绍远古时代的生活环境，运用讲故事的方式进行课程导入，让学生对猛犸象有初步的认知。接着，老师让学生运用 VR 平台里的软件工具资源，对猛犸象进行观察，学生展现出浓厚的学习兴趣。之后教师运用提问、讨论的方式进行讲授，学生们非常积极地参与学习中，课堂气氛十分活跃。

在"认识心脏"的课程中，学生们在虚拟 3D 空间中全方位

第 5 章 常见 VR 平台的应用

学习观察心脏结构，对比各个组织结构的不同。与教师讲解的传统教学方式相比，VR 平台提高了学生动手能力。学生们可以自主对心脏进行观察、解剖，既对学习产生了浓厚的兴趣，也加深了对知识的理解。桌面式 VR 平台可以将抽象的、微观的、现实生活中不容易实际观察到的客观世界，都转化为可全方位仔细观察的、可操作的模型，使学习更加真实化，激发学生的探索能力，不仅使学习内容更加丰富，学习效果也得到了很大的提升。教师和学生在交互的学习状态中，学习的内容不仅存在于自我的想象中，而且以直观形象的方式展现出来，使原本抽象的问题简单化，学习过程也不再乏味，整个课堂生动有趣。教师、学生和 VR 平台三方之间的互动，让学生在交互体验中轻松地掌握知识，而不再是传统意义上的简单讲述和倾听。与其他如头戴式虚拟现实产品将人与现实分离开来的形式不同，桌面式 VR 平台能够满足使用者之间的交互和小组协作学习，使用者在虚拟学习环境中进行自主操作式、体验式学习，不再需要担心物质成本的消耗、学习资源的浪费、实验的危险性和实验失败导致的恶劣后果，因为在这里，使用者能够轻松修改错误，并且能够发挥想象力进行自主探究式学习。

作为目前比较成熟的桌面式 VR 交互学习平台，Zspace 平台完全脱离传统鼠标的创新交互模式，可以帮助学生沉浸在虚拟 3D 世界中进行学习探究及实验。国内教育在使用 Voxel Station 平台的教学中，课程融合的教育理念体现在产品的使用中，学生可以自主完成比较感兴趣的项目，在动手操作的学习过程中既培养了动手实践能力，也掌握了多种学科的知识。使用 VR 教学可以满足个体差异化教学，并且注重学生创新、拓展性思维训练，培养了学生与人合作的能力，锻炼了动手能力以及学生潜力的开发。

5.3 头戴式 VR 平台

　　VR 技术凭借其真实生动的技术优势，在实践教学方面发挥了重要的作用。而头戴式 VR 平台与传统的媒体教学相比，有着无可比拟的优越性。头戴式 VR 的显示器与传统的显示器相比，外形小巧却更加高效。一般为头盔或如潜水眼镜的造型，能够为实现虚拟现实技术提供软硬件技术保障，让使用者通过虚拟现实头戴设备尽可能轻松地享受虚拟现实技术带来的好处。头戴式 VR 平台也称为头戴式 VR 眼镜，目前有三种类型，第一种是"外接式"的头显设备，是基于计算机使用的头戴式眼镜，具备独立显示屏且价格相对较高；第二种是"盒子"头显设备，这种设备不具备独立显示屏，无须电源，且价格非常低廉，但在使用时需要放入手机或依赖显示器作为内容显示屏来使用；第三种则是造价最为昂贵的"一体机"头显设备，是真正的头戴式 VR 平台。这种平台将承载显示器的目镜覆盖在使用者的眼部周围，"全包裹式"设计实现了密闭的使用环境。与此同时，将 VR 软件嵌入眼镜之中，可以独立构建虚拟情境，并通过机体自带的鼠标盘实现人机交互，为使用者带来更佳的沉浸感和使用体验。

　　头戴式 VR 平台由四个主要部分组成，即光学模型、运算中心、传感器和佩戴设备。

　　（1）光学模型的作用是以设备外壳来营造一个封闭空间，使用户和现实世界分割独立开来，再通过光学透镜技术，使显示屏的信息通过透镜进行一次或者多次折射，直接投射到人的视网膜上，使用户在视野上形成一种独立的虚拟情境，并沉浸于这种情境中。

第 5 章 常见 VR 平台的应用

（2）运算中心就是虚拟现实头戴设备的"大脑"，其主要作用是实现虚拟现实技术在运算层面的需求，如提供运算、信息存储、图形处理器等。其充当了操作系统和运算系统的职能。

（3）传感器是实现虚拟现实技术沉浸性的必要硬件，利用感受性的电子仪器收集身体运动的数据，再透过运算中心实时运算出相对应画面，以实现使用者头部动作和视野相同步的效果。

（4）佩戴设备是为了把虚拟现实头戴设备能固定在使用者的头上，在设计上由于要考虑头戴设备的整体体积和重量，以及了解使用者在使用时会带动着头戴设备运动的情况，一般采用较为牢固的网状结构把头部紧紧套着，这也导致虚拟现实头戴设备的造型类似头盔。

不同类型的头戴式 VR 平台具有不同的特点和用途，虽然目前市场上有众多的头戴式 VR 平台厂商，但是根据其产品要素和使用方式的不同，可被划分为以下三个类型。

1. VR 盒子

VR 盒子的特点是：生产成本最低，价格便宜，市场占有率最高，本身无电源且无须外接电源，但虚拟现实体验较差，需要配合智能手机使用。

VR 盒子由光学模型和佩戴设备组成。其外观上就如一个盒子一样，外形方方正正。盒子前端预留了放置手机的空间，中间是实现光学折射的光学模型，后面则是使用伸缩索带组成的佩戴设备。佩戴者在体验"VR 盒子"式虚拟现实头戴设备时需要把智能手机安装到设备的前端，让其稳固地置于光学透镜的前端。此时智能手机的屏幕会被切分成左右两个独立屏幕，两个屏幕分别对应套用在消费者的左右眼光学模型上，屏幕画面透过若干透镜使画面经过折射后投射到人的视网膜上,这样就能满足虚拟现实技术的显示技术。智能手机通过内置的传感器,如陀螺仪,能够实时检测手机的水平角度。使用者把设备固定在头上,头部移动时其动作的移动数据会被传感器捕捉到,移动数据传送到智能手机中内置的处理器,处理器再将处理后的相应画面投送在显示屏上,让使用者进行体验。VR盒子将显示器、运算中心、传感器以及电池这四个VR系统的必备部分巧妙地通过智能手机来得以综合实现。

一般的VR盒子出于对成本的考虑,其光学模型会采用最简单的光学设计,这种简单的光学模型一般需要占用7~8厘米的折射距离才能把智能手机中的画面准确投射到使用者视网膜上。由于智能手机的屏幕是平面的,在实现虚拟现实技术的时候,屏幕需要紧贴着光学模型才能实现光学折射。因此既要为虚拟现实技术提供一个独立的黑暗环境,又要考虑光学模型所要求的最小空间,同时还要充分考虑不同型号的智能手机的尺寸。

国外的Google Card Board、三星的Gear VR和国内的暴风魔镜都是"VR盒子"式的虚拟现实头戴平台的代表。其优点在于设备简单,不需要额外购买电子运算设备,就可以用非常低的成本为使用者提供VR体验,从而降低了体验虚拟现实技术的门槛。在智能手机普及的今天,用智能手机加VR盒子组成的头戴式VR平台来体验虚拟现实技术就显得相当合适。但是,VR盒子的缺点也显而易见,那就是将VR技术的体验完全限制在了智能手机的硬件之上。之所以这样说,是因为智能手机的屏幕画面经过透镜放大后会出现像素不足的状况,而手机内部传感器的精度也不足以非常准确地捕捉到使用者的头部数据。当数据出现偏差时,运算处理后的画面就无法与头部动作完全同步,从而造成使用者

第 5 章 常见 VR 平台的应用

的眩晕感。因此 VR 盒子属于较为低档的 VR 头戴平台，仅仅能作为 VR 体验的初级产品，无法在教学和培训的过程中广泛使用。如图 5-14 所示，各大品牌的 VR 盒子虽材质有差异，但原理相同。

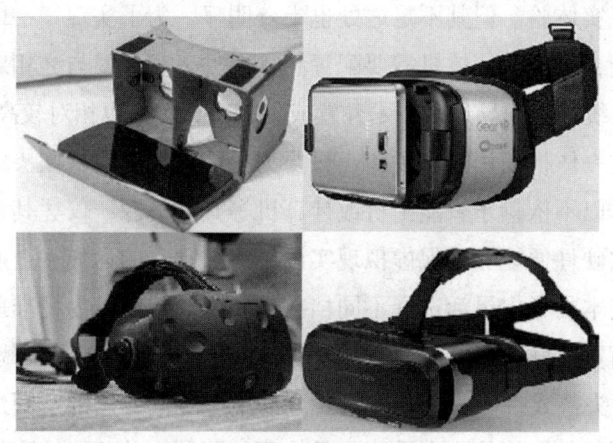

图 5-14　不同品牌的 VR 盒子

2. VR 头戴式一体机

VR 头戴式一体机的特点是，价格偏高，设备可以独立运作，方便使用，沉浸感很强且能实现较好的虚拟现实体验。

VR 头戴式一体机是集成了所有实现 VR 技术所必需的软件和硬件为一体的终端设备。其造型类似"盒子"式虚拟现实头戴设备，但可以灵活地根据内置的硬件和想实现的功能而灵活设计造型，不再需要维持方方正正的造型。VR 头戴式一体机的运作原理和"盒子"式虚拟现实设备相类似，但却是内置了完整的计算、存储、通信、交互模块，可以独立使用，不需要连接计算机或手机。VR 头戴式一体机通过内置的运算和处理系统可以独立地为使用者直接带来 VR 体验。使用者只需要把 VR 头戴式一体机佩戴在头上就能马上使用，配合上相对高解像度的屏幕、精准的传感器以及专门为运行虚拟现实技术而设计的操作系统,就能为使用者带来良好的虚拟现实体验。

VR 头戴式一体机的最大特点是使用方便且可以带来较好的虚拟现实体验。但其不足之处也十分明显,为了实现"一体"式的功能,头戴式一体机需要配置独立硬件,和开发与之相对应的操作系统,从而导致其技术开发成本较高,价格也相对较高。VR 头戴式一体机使用非常便捷,只要为一体机充满电,则头戴式一体机可以不依赖于智能手机或计算机等其他资源,仅凭其自身独立的软硬件便能够确保虚拟现实设备高效独立的运作。企业可以根据成本的考虑灵活选择不同档次的硬件,从而较为精准地针对不同消费人群的需求而设计相应的"一体"式虚拟现实头戴设备。但 VR 头戴式一体机的硬件需要全部集中在同一局部空间内,因此其硬件的运算能力会受到产品体积的限制,并不能达到最好的虚拟现实效果。但 VR 头戴式一体机已经可以满足教育和培训的部分需求,属于中等档次的 VR 头戴式设备。图 5-15 为 VR 头戴式一体机的内部构造。

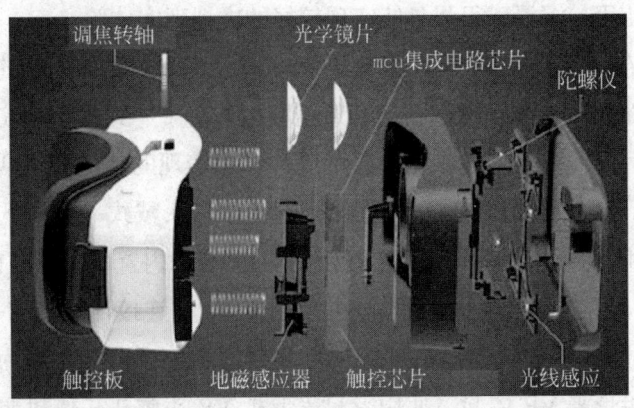

图 5-15　VR 头戴式一体机的内部构造十分复杂

第5章 常见VR平台的应用

3. 外接式VR头戴设备

外接式VR头戴设备的特点是：生产成本高，价格昂贵，能够为使用者提供最佳的虚拟现实体验，但需要配合强大运算能力的计算机或专门平台的游戏机使用。

外接式VR头戴设备是虚拟现实技术走出实验室面对消费者市场的第一款同时又是结构最复杂的一款专门为实现虚拟现实技术而设计的头戴式设备。其前身是HMD，即头戴显示器。外接式VR头戴设备是一种以计算机或台式游戏机等强大运算设备作为计算与存储设备终端，配合内置在虚拟现实头戴设备上的独特的光学模型以及专门的传感器如红外定位器、高精度的陀螺仪、加速度仪等提供优秀的虚拟现实效果的设备。这种设备能让使用者感受虚拟现实技术最高端的体验，其所有硬件、软件都是专门为了提高虚拟现实体验而设计的。具有正畸效果的光学模型，可以使画面减少光学变形，超高分辨率的屏幕，可以有效地减少画面的"颗粒感"。借助强大的运算设备，能够展示良好的三维效果和尽可能减少计算机运算的时间，这样做可以减少运算延迟而降低用户的眩晕感。外接式VR头戴设备代表产品有Oculus Rift和HTC Vive等，其中以HTC Vive代表较高水平。HTC Vive实现的是真正含义的虚拟现实体验，其透过外置的红外线空间位置捕捉仪不仅能捕捉到头部动作等数据，更能实时地捕捉使用者在三维空间里的实际的物理位置和手部动作，并即时地反映在虚拟现实世界上。外接式VR头戴可以通过红外定位仪，让使用者真正地将整个身体浸入虚拟的情境里。外接式VR头戴设备造型多样，既有匹配多种传感器体积较大的设备，也有仅仅保存光学模型的小型设备。外接式VR头戴设备是最高级的虚拟现实头戴设备,但使用者需要为实现优质的虚拟现实体验付出较多的费用,因此,外接式 VR 头戴设备面向的主要群体为培训机构、娱乐体验公司或高端游戏玩家。如图 5-16 所示,外接式 VR 头戴设备的体验效果更佳。

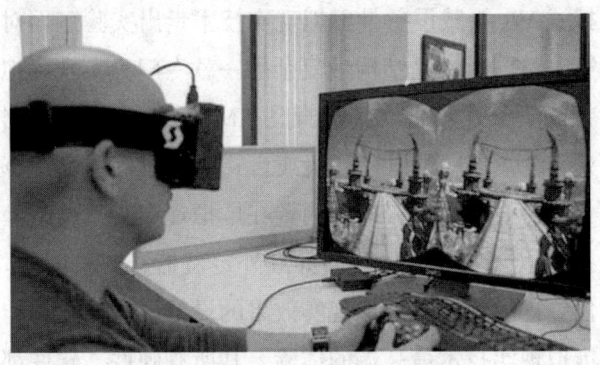

图 5-16　外接式 VR 头戴设备

本 章 小 结

本章详细介绍了当前应用于教育领域的几种常见 VR 平台的特点和使用方法。主要包括三类,即头戴式 VR、桌面式 VR 和沉浸式 VR。由于 VR 技术可以构建虚拟的情境,使学生可以在 VR 的世界里多方位感知真实世界中难以得到的体验。而 VR 技术平台是承载和展示 VR 内容的基础,因此,不同学段的使用者应该选择适合的 VR 平台开展教学。

第6章　VR技术对学生学习投入的影响

引言：VR 技术具有以不同方式辅助学习的潜力，因此在教育领域引起了广泛关注。自 20 世纪 90 年代初以来，VR 技术已应用于美国的 K-12 教育和高等教育中。事实证明，虚拟现实在教育领域的应用是一个有趣且有潜力的尝试。本章将介绍在 VR 技术的混合学习环境中对学生学习投入水平的影响，说明基于 VR 技术的混合学习环境可以对学习者的兴趣、注意力和互动产生积极影响，从而有效提升学生的学习投入水平，且 VR 技术在学习激励方面比传统的教学媒体更有效。

6.1　VR 技术与课堂教学的融合

VR 技术能够为学习者构建虚拟的情境，从而为其提供身临其境的体验。在 VR 技术发展的早期，用户主要通过头戴式眼镜和可穿戴的装备与虚拟环境（VE）进行交互。通过技术创新，可穿戴式 VR 设备变得更小、更便携。如今，VR 设备被视为硬件和软件的集合，包括个人计算机（PC）、头戴式显示器（HDM）、跟踪传感器和其他组件以及提供沉浸式体验的软件。由于大多数 VR 用户的感知依赖于计算机生成的虚拟环境。因此，VR 技术也可以被视为在人脑中生成幻觉的一种技术，这种技术可以让人们

VR 技术在数字教育中的应用

沉浸在相对独立的空间中。

随着技术的快速发展，VR 技术已被应用于诸如医学解剖、航天器训练以及建筑模拟等本科课程中。当将 VR 技术作为一种教学媒体引入教学活动时，主要用户（学生）应认为它是有用的，并将其视为学习过程中的一种有效补充的工具。通过使用 VR 设备，可以将抽象知识可视化并以 3D 视图的形式呈现给学习者。而在这种引人入胜的互动和身临其境的体验环境下，学习者更有可能拥有愉快而现实的学习体验。

近些年，国内的教育者开始关注 VR 技术在教学中的应用。越来越多的教师希望能够将 VR 技术与日常教学相结合，从而探索 VR 技术对于教师教学和学生学习带来的促进作用。一些研究人员关注教师对使用 VR 的情况，而另一些学者则从学习者的视角入手，观察和评估 VR 技术应用于教学中对于学生学习兴趣和学习投入的影响，以验证教师和学生对于 VR 技术应用于教学中的态度和接受程度。

当然，VR 技术在教学中的应用也受到一些实际问题的阻碍，从而限制了它与教育更加全面的融合。首先，VR 设备价格昂贵且对于使用环境要求较高，使现阶段 VR 技术只能够在规模较大的学校落地实践，难以向其他学校辐射。这在很大程度上抑制了 VR 技术的普及。其次，VR 建模复杂，内容开发成本高昂。VR 技术的特点在于通过三维建模为使用者构建虚拟情境，需要专业人员耗费较大的时间和精力完成 VR 内容的设计，教师则无法根据教学需要和教学内容调整或修改虚拟情境，这也是阻碍教师广泛使用 VR 技术的障碍。最后，现有的 VR 技术在一定程度上会让使用者产生眩晕感。一些使用者提出，当长时间在与物理环境隔离的沉浸式空间中度过时，他们会感到眩晕或迷失方向。

第 6 章　VR 技术对学生学习投入的影响

因此，尽管 VR 技术在教育领域中的应用显示出了希望，但并不确定引入 VR 技术的课堂是否真的会对学生的学习体验带来积极的影响。

中学阶段是学生个体求学、身心发展的重要时期。学习投入作为学生在校学习表现的重要指标，近年来已成为教育领域的研究热点。学习投入具体是指学生能够始终以一种持续的、充满积极情感的饱满状态投入学习中，主要表现在活力、奉献和专注三方面。研究表明，学习投入不仅能够预测学生学业成绩及发展状况，还能够衡量学校学习氛围和教学质量。所以，探讨学习投入的影响因素及其作用机制不仅能更有针对性地提高学生的学业表现，促进学生综合发展，还能够有效地为学校教育教学提供理论指导。

由此可以看出，通过了解 VR 技术与课堂教学的融合对学生学习投入水平的影响，来讨论与传统教学媒体相比，基于 VR 技术的混合学习环境是否会对学习者的兴趣、注意力和互动产生积极影响，从而有效提升学生的学习投入水平具有非常重要的意义。

6.2　VR 技术与学习投入的关系

6.2.1　虚拟现实教学环境（VRLE）与学习投入

VR 技术通过 3D 交互界面为学习者提供情境化的学习环境，并通过心理沉浸和物理沉浸创造虚拟现实世界，为学习者提供有意义的问题解决的环境，影响学习者的知识建构。VR 技术的 3 个基本特征，即沉浸感、交互性和构想性是与教育发展方向相符合的，即让学生完全沉浸于知识情境中，通过与师生间和彼此间的互动来激发其想象力,从而形成一种积极主动学习的良好状态。

学习投入(Student Engagement)又称学习输入,是指学生花费在其学习和其他与学习相关事情上的时间和精力等。Pace(1968)指出学习投入又可用"努力的质量"来解释,学生在学习过程中的投入要从深层次、抽象化的层面来衡量,例如,学生上课集中多大程度精力听课,做作业时投入多大心思从而高效地完成等,不能用肤浅的、表面层面花费在学习上的时间来考量。Newmann(1992)认为学习投入是学生从内心深处对某一个知识点以及技能应用的全面理解与掌握。学习过程中集中注意力以及途中所感受到的如恍然大悟、兴奋激动、挑战困难等多种情绪。有研究提出,学生的学习氛围会显著地影响学习投入水平。特别是学生的学习体验会对学习投入产生重要的影响,相比于消极的学习体验来说,积极的学习体验更能够提升学生的学习投入程度。VR技术通过3D交互技术为学习者构建学习情境,从而让学习者在身临其境的体验下完成知识的建构,能够为学习者带来愉悦的学习体验和积极的学习过程。这种积极的学习过程有助于激发学生的学习和探究欲望,使学生从内心深处真正掌握所学的知识点并加以应用,从而提高学生的学习投入水平。

与此同时,中学生的学习投入可以划分为学习状态、学习韧性、学习态度和学习感受四个维度。学习状态是个体在学习过程中具有较强的意义感和饱满的学习热情,并勇于接受学习中的挑战的态度。学习韧性是指个体有明确的学习目标,通过外界的鼓励以及积极地自我暗示,乐观面对学习中的困难,更好地投入学习中的一种状态。学习态度是个体愿意为学习付出努力并且很难感到疲倦,具有一定的精力与韧性,愿意遵守为了更好地实现学

第6章 VR技术对学生学习投入的影响

习目标所制订的一系列学习计划。学习感受则是个体将精力集中于学习,在学习过程中感到快乐、自豪的一种愉悦状态。

在之前对高中生学习投入的研究中发现,当学生的学习自主性增强,提供和学生能力匹配的恰当的学习任务能提高学生的学习投入。另一方面,良好的学习氛围和支持性的师生关系与学习投入也呈现显著的正相关。VR技术创设的学习环境强调为学生提供自主的交互性学习过程,从而可以使学习氛围和师生关系更为融洽。

6.2.2 学习动机的作用

基于VR技术创设的教学情境不仅可以促使学习者自主探索、自由交互,还能够有效地激发学习者的学习兴趣和动机,即时获取针对其学习行为与效果的评价进行反馈。有学者曾经提出,3D全沉浸式的学习环境能够有效地激发学习者的兴趣和动机,且能够显著提高学习者的学习动机和学习记忆力。通过建构基于桌面VR的学习环境中学习效果的决定因素模型也充分证明了学习的动机、认知、控制与学习成绩呈正相关。

在对于学习动机和学习投入的研究中,有的学者将动机分为深层动机和表层动机,并发现前者比后者对学习成绩的影响深远。也有部分学者将动机分为内外部两种动机,并表明了内部动机可以正向影响学习成绩,认为内部动机能够使学生明确学习目标,产生良好的学习结果,从而获得更好的学习成绩(学习成绩通常可以作为学习投入水平的一种体现)。证明了学习投入与学习动机存在显著正相关,也就是说学习动机强烈的学生,学习投入水平也高,可见学习动机是直接推动学生学习的直接动力,其学习动机越高,学习投入程度也越高。

为了清晰地观察虚拟现实教学环境(VRLE)对于学生学习投入水平的影响过程和作用机理,将虚拟现实教学环境设置为前置变量,将学习投入设置为结果变量,将学习动机设置为中介变量,构建了结构方程模型,如图6-1所示。

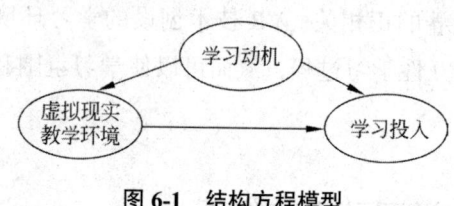

图 6-1　结构方程模型

6.3　结构模型的验证与分析

6.3.1　VR 设备介绍与数据收集过程

为了对结构方程模型进行验证,研究者针对两节学科和内容均不相同的课程进行实证研究。两节课的内容分别为高一年级《通用技术课程技术与设计2(必修)》教材中《经典结构的欣赏》和高一年级《信息技术课程信息技术1(必修)》教材中《计算机的构成》,两节课均在一个集成了 VR 技术和基本教学设备的教室中进行。参加调查的是来自两个班级的学生,这两个班的学生已经能够正确且熟练地使用 VR 设备。A 班和 B 班都由 L 老师担任授课教师,且这两节课的内容是相互独立的。第一节课是 VR 与建筑结构的整合,侧重于经典结构的欣赏;而第二节课是 VR 与计算机系统构成的整合。VR 设备用于构建虚拟学习情境,并通过 3D 学习场景的方式向学生进行展示。每节课结束后,要求学

第6章 VR技术对学生学习投入的影响

生立即填写调查问卷,以确保调查能够体现学生的真实感受。

教师在课堂教学中使用的 VR 设备是一个基于 G-Motion 的沉浸式 3D 虚拟现实实验台。G-Motion 由许多部分组成,包括摄像头、图像工作站、扬声器系统、运动捕捉和位置跟踪系统等。可以实时捕获头部、手和身体其他关键部位的姿势和运动信息。此外,G-Motion 可以实时捕获目标物体的六自由度(位置和方向)信息,以进行步态分析和虚拟人体运动仿真。在学习过程中,学生使用 VR 眼镜或手持式交互式设备在虚拟环境中进行交互,以专注于从任何角度观察物体。跟踪精度高达 0.2 mm,角度跟踪精度高达 0.2°,因此可以注意到人与虚拟环境之间的精确交互。例如,在第一堂课中,学生可以暂停并放大古代建筑结构中有趣的部分,从而对教学内容有更全面的了解。学生使用 VR 系统进行交互操作如图 6-2 所示。

图 6-2 学生使用 VR 系统进行交互操作

此外,在课堂教学的过程中还使用了其他工具,例如,使用电子白板展示幻灯片、图片以及建筑物和计算机结构的动画视频。学生可以通过老师对图片和视频的演示来理解教学内容,为 VR

教学进行辅助，这两节课的课堂气氛都很活跃。

6.3.2 调查问卷与数据分析

虚拟现实学习环境（VRLE）感知的调查问卷采用 Huang 等人在 2010 年使用的研究量表，该量表包含沉浸感、交互性和构想性 3 个维度，共计 9 个题项，用来测量学生对于虚拟现实学习活动过程的体验。该量表题项均为正向选择，采用 5 点计分法，1 代表"完全不符合"，5 代表"完全符合"，分数越高，表明 VR 技术创设的学习环境为学生带来的体验越积极。该量表的 Crobach's Alpha 为 0.92。学习动机的测量采用由黄希庭等人编制的学习动机量表。该量表为单维度量表，共 13 个题项，采用 5 点记分法编制，得分越高，表示学习动机越强。该量表的 Crobach's Alpha 为 0.90。采用王思思（2013）编制的学习投入量表来调查高中生的学习投入水平。该量表包含学习状态、学习韧性、学习态度和学习感受 4 个维度，共 17 个项目，用于测量学生的学习投入情况。问卷题目采用 5 点计分法，1 代表"完全不符合"，5 代表"完全符合"，分数越高，表明学习投入水平越高。所有的量表构成内部一致性系数为 0.9。分量表的内部一致性系数分别为 0.91、0.90、0.92。验证性因素分析结果为：χ/df=3.895，CFI=0.956，TLI=0.943，NFI=0.941，RMSEA=0.077，表明具有较好的结构效度。

为避免共同方法偏差对结果的影响，在数据收集过程中，采取了常规的程序控制，即对被试强调匿名性和保密性原则。此外，数据收集回来后，采用 Harman 单因子检验发现，共有 6 个因子的特征根大于 1，且第一个因子解释的变异量只有 26.92%，小于

第6章 VR技术对学生学习投入的影响

40%的临界标准,说明结构方程模型不存在明显的共同方法偏差。

各变量的均值、标准差及相关系数分析结果见表6-1。虚拟现实学习环境(VRLE)与学习动机($r=0.012$,$p<0.05$)存在显著正相关;学习动机与学习投入的4个维度学习状态($r=0.154$,$p<0.001$)、学习韧性($r=0.579$,$p<0.001$)、学习态度($r=0.300$,$p<0.001$)和学习感受($r=0.249$,$p<0.001$)均存在显著正相关;虚拟现实学习环境(VRLE)与学习投入的4个维度学习状态($r=0.228$,$p<0.001$)、学习韧性($r=0.709$,$p<0.001$)、学习态度($r=0.342$,$p<0.001$)和学习感受($r=0.305$,$p<0.001$)均存在显著正相关。这些结果为分析虚拟现实学习环境(VRLE)与学习投入等的关系提供了必要的基础。

表6-1 各变量的均值、标准差和相关系数

项目	M	SD	1	2	3	4	5	6
VRLE	29.58	6.914	1					
学习动机	17.19	8.048	0.012*	1				
学习状态	9.95	3.375	0.228**	0.154**	1			
学习韧性	24.80	4.445	0.709**	0.579**	0.192**	1		
学习态度	18.85	4.649	0.342**	0.300**	0.326**	0.330**	1	
学习感受	15.77	7.861	0.305**	0.249**	0.377**	0.329**	0.407**	1

注:$N=55$,* 表示 $p<0.05$,** 表示 $p<0.01$。

进一步地,分析虚拟现实学习环境对学习投入水平的影响程度,如图6-3所示。结果表明,VRLE对学习投入的4个维度学习状态($\beta=0.759$,$t=11.526$,$p<0.01$)、学习韧性($\beta=0.297$,$t=15.766$,$p<0.01$)、学习态度($\beta=0.446$,$t=9.855$,$p<0.01$)和学习感受($\beta=0.682$,$t=3.518$,$p<0.05$)均有显著的正向影响。需要指出的是,虚拟现实学习环境对于学习投入4个维度

的影响程度是有差别的。其中，VRLE对于学习状态的影响最为显著，其次是学习感受，再次是学习态度，对于学习韧性的影响最小。与此同时，结构方程模型的各项拟合指数达到良好标准（$\chi^2/df=2.73$，GFI=0.86，RMSEA=0.100，SRMR=0.011，NNFI=0.97，NFI=0.97，CFI=0.95，IFI=0.96）。

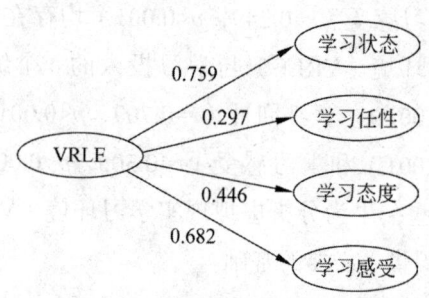

图6-3　VRLE对学习投入影响的结构方程模型

接下来，继续采用结构方程模型对学习动机影响虚拟现实学习环境和学习投入关系的中介效应进行检验。如图6-4所示，虚拟现实学习环境会通过两条路径对学习投入产生影响，第一条为直接路径1：VRLE→学习投入；第二条为间接路径2：VRLE→学习动机→学习投入。

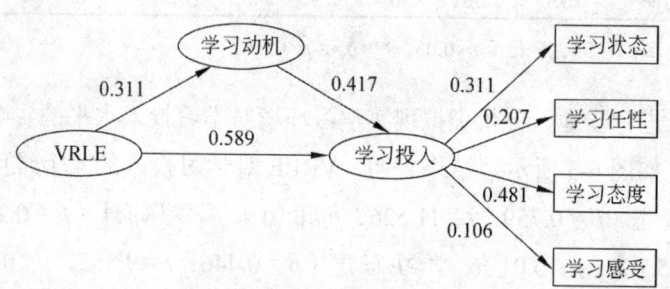

图6-4　学习动机在VRLE对学习投入影响的中介作用结构方程模型

从图6-4可以看出，首先，VRLE到学习投入的直接路径

第6章 VR技术对学生学习投入的影响

显著($\beta=0.589$,$p<0.001$),表明虚拟现实学习环境能够直接对学生的学习投入水平产生影响,这与之前的结论相一致。其次,VRLE能够正向预测学习动机($\beta=0.311$,$p<0.001$),学习动机能够正向预测学习投入($\beta=0.417$,$p<0.001$),表明VRLE能够通过学习动机的中介作用间接影响学习投入;再次,VRLE通过学习动机对学习投入的4个维度的影响存在差异。其中对于学习态度($\beta=0.481$,$p<0.001$)的影响最为显著,其次是学习状态($\beta=0.311$,$p<0.001$),对于学习韧性($\beta=0.207$,$p<0.001$)和学习感受($\beta=0.106$,$p<0.001$)的影响较弱。结果表明学习动机在虚拟现实学习环境(VRLE)对学习投入的影响过程中起中介作用,说明虚拟现实学习环境能够积极影响学生的学习动机,进而提高学生的学习投入水平。

6.4 VR技术对学习投入的影响

首先,虚拟现实学习环境(VRLE)能够积极影响学习投入。这说明VR技术应用于课堂教学后所创建的虚拟现实学习环境能够有效地提升学生的学习投入水平。进一步分析可以发现,VRLE对于学习状态的影响最为显著。学生的学习状态是其在学习的过程中具有强烈的意义感以及饱满的学习热情的一种体现,使得学生能够勇于接受学习中遇到的挑战。相比于传统教学环境的简单枯燥,虚拟现实学习环境能够借助丰富的3D内容帮助学生进入更好的学习状态,有助于学生的学习活动。虚拟现实学习环境对学习感受的影响程度仅次于学习状态,学习感受是学生将精力集中于学习,在学习过程中感到快乐且自豪的一种愉悦状态。虚拟现实学习环境下,学生在虚拟的情境中进行学习会有身临其境的愉快体验，从而在很大程度上改善自己的学习感受，提升自己的学习成绩。虚拟现实学习环境对学习态度的影响较小，VR技术构建的虚拟情境会在一定程度上缓解学生的学习疲倦感，使学生愿意为学习付出努力。虚拟现实学习环境对于学习韧性的影响最小，学生在学习的过程中会遇到各种困难，从而产生畏难情绪。虚拟现实创建的虚拟情境能够激发学生的学习兴趣，通过更愉快的学习体验来化解学习中的困难，帮助学生更好地投入到学习中，获得更好的学习体验。

其次，虚拟现实学习环境对学习投入的影响过程中，学习动机起到了中介作用。虚拟现实学习环境能够激发学生的学习动机，提高学生的学习投入水平。VR技术创建的教学情境让学生感到非常新奇，对知识的讲授方式也更加灵活，且教师与学生间的互动更加直接，能够激发学生学习和探究的欲望，提升学生的学习投入。除此之外，还发现虚拟现实学习环境通过学习动机对学习投入的4个维度的影响存在着差异。其中，VRLE通过学习动机对于学习态度的影响最为显著，说明良好的学习情境可以积极影响学生的学习态度，从而使学生做出更多有利于提升学习效率的行为，从而提升学习成绩。VRLE通过学习动机能够较好地影响学生的学习状态，学习状态是学生学习全过程的一种持续感知，虚拟现实学习环境能够通过学习动机来进一步改善学生的学习状态，让学生在一种饱满的状态下完成知识的学习。与此同时，VRLE还会通过学习动机来提升学生的学习韧性和学习感受，但是对于这两个维度的影响程度相对较弱。这是由于虚拟现实技术构建的学习情境激发了学生的学习动机后，学生对于有效解决学习过程中遇到困难的学习韧性并没有太好的改善。同样，其对于学生学习感受的提升也是有限的。由此可以看出，虚拟现实学习

第 6 章 VR 技术对学生学习投入的影响

环境对于学习投入各维度的直接影响与通过学习动机带来的间接影响是存在差异的。

6.5 VR 技术与教学融合的实践启示

通过对研究和分析可以看出,与传统教学方法相比,VR 技术构建的虚拟现实学习环境对学生的学习动机与学习投入有更加显著的积极影响。因此,对于未来 VR 技术与中学教学的融合可以得到以下启示。

首先,虚拟现实和增强现实软硬件设备的性能提升和价格降低,会有更多的教育投资公司开发出更加丰富多彩的教学资源,让虚拟现实和增强现实技术快速走进中小学课堂,在教学中大面积应用普及。依托其具有的沉浸性、交互性、构想性、虚实结合、实时交互和三维配准等超级体验感的优势,教师的教学方式和学生的学习方式都将会发生改变。虚拟现实和增强现实技术在教学中的应用普及将会颠覆传统的教育方法和教学形式,具有巨大的应用潜力与应用前景。

其次,虚拟现实和增强现实技术与教学的结合,将会提高未来课堂的教学效率。因为传统教学模式是教师面向全班同学以灌输式、无差异的方式组织教学的,而采用虚拟现实技术教学将使课堂教学采用个性化、自主式、体验式的方式组织教学,通过因材施教,每一位学生都可以在虚拟环境中,个性化地听老师讲课,还能与虚拟环境中的老师互动交流。传统课堂为一人讲多人听,而虚拟现实课堂则相当于每个学生面前都有一位老师。同时增强现实技术还可以将静态的文字、图片读物立体化,增加阅读的互动性、趣味性和真实感，创设现实情境，通过 3D 模型使抽象的学习内容变得形象化、微观的学习内容变得可视化、复杂的学习内容变得简单化，帮助学生理解和识记抽象的概念。虚拟现实和增强现实作为教育工具应用在课堂上，将为学生展现一个能够交流互动的虚拟世界，既能满足学生的体验感和好奇心，又能以创新的方式传授知识，从而可以大大提升教师的教学效果、激发学生的学习兴趣、提高学生的学习效率。

最后，虚拟现实和增强现实技术能为学生提供多种形式的数字内容和虚实结合的情景化的学习环境，增强了学生在学习中的存在感和沉浸感。通过虚拟现实和增强现实技术能够将虚拟场景与现实世界相结合，通过穿越时空的方式进行交流互动，增强了学生的动手操作能力，提升了学生的感性认识和真实体验，激发了学生的创新意识和创新思维，培养了学生自主探究和自主学习的能力。虚拟现实和增强现实技术是多种先进技术的应用和多学科知识的汇聚与融合，是创客教育和 STEAM 教育的较佳载体，将虚拟现实和增强现实技术应用于教学中，为创客学习创造了条件，学生在创客空间里利用虚拟现实和增强现实技术通过主动探索、动手实践、创新设计、跨界融合来学习新知识和掌握新技能，利用先进的虚拟现实与增强现实技术为载体开展创客教育和 STEAM 教育，学生在虚拟与现实交互和时空穿越的过程中通过"玩中做""做中学""学中做""做中创"，能够拓展发散性思维，迸发出更加丰富的创新火花，创意"智"造出更加丰富的创客作品。新一轮教学改革已经到来，"中国学生发展核心素养"总体框架正式发布，其中实践创新作为六大综合表现之一被提出。而虚拟现实和增强现实技术在教学中的应用正是一种教学模式的创新，将有助于推动教学改革的进程，有助于创客教育和 STEAM

第 6 章　VR 技术对学生学习投入的影响

教育的普及，有助于学生核心素养的培养。

本 章 小 结

本章通过对 VR 技术融合的两节课进行调查研究，结论证明了基于 VR 技术的混合学习环境可以对学习者的兴趣、注意力和互动产生积极影响，从而有效提升学生的学习投入水平，且 VR 技术在学习激励方面比传统的教学媒体更有效。这不仅使 VR 技术与课堂教学相融合的优势得到了验证，同时也为 VR 技术在课堂教育教学中更广泛的应用打下了坚实的基础。

第7章 VR技术在中学基础类课程中的应用

引言：中学基础类课程一直是课程改革的主阵地。2016年，新一轮的教育课程改革正式拉开了序幕，提出了发展学生核心素养的新要求。面对挑战需要有新的教学手段和方式与之相适应，虚拟现实技术的出现为基础类课程的教学改革带来了新的机遇。本章将介绍VR技术在中学物理、生物和地理课程中的应用案例，以探究VR技术对于提升学生核心素养的作用。

7.1 VR技术在物理教学中的应用

7.1.1 物理学科融合背景

物理学科在新课程改革核心素养的框架下凝练出了物理学科的核心素养，即"物理观念""科学思维""科学探究"和"科学态度与责任"。确立基于物理学科核心素养的教学目标和内容，强调在物理教学设计中重视教学情境的创设，重视科学探究能力的培养和信息技术的应用，通过问题解决发展学生物理学科核心素养。虚拟现实技术不但为教学手段的革新提供了有效的技术支

第7章 VR 技术在中学基础类课程中的应用

持,还改变了传统的教学模式,为学生提供交互式学习环境,同时也改变了学生学习方式,促进了课堂上师生间和生生间的互动,使教学氛围更加活跃、自然和亲切。

在物理演示实验教学中,有些实验场景是无法真实实现的,如无重力场景、物体在不同重力场景中的运动,这些实验过程只能通过动画或教师的讲解学生在头脑中想象的形式完成,还有一类如无摩擦力的运动环境、无空气阻力的运动环境等是通过建立理想模型的方式进行探究,从而忽略实验中的影响因素的。而通过虚拟现实技术则可以完成以上实验场景的搭建,引领学生体验完全理想化的实验环境,增加实验的可信性及测量的准确性。例如,在进行伽利略斜面实验的讲解过程中,需要建立理想的实验环境,即没有摩擦力和空气阻力的环境,传统的教学中,单纯地采用思想实验的方式让学生体会牛顿第一定律的验证过程,而加入虚拟现实技术建立的理想环境,则可以加深学生对牛顿第一定律真谛的理解,提高学生的科学素养。

7.1.2 VR 教学设计

电流和电路是初中物理教学中的重要内容,这些知识不仅与我们的生活息息相关,在生产、生活中的应用广泛,且具有悠久的历史。从全章节的视角分析,本章在内容上应注重学生的探究实验及知识的实际应用,引入更多的与生产、生活、新科技等密切相关的内容,使学生认识到物理是有用的、有趣的。如表 7-1 所示,初中物理课程与 VR 技术相融合的教学设计。

VR 技术在数字教育中的应用

表 7-1 初中物理课教学设计

教学基本信息			
授课主题	电路的基本连接方式	学段/年级	8 年级
学科名称	初中物理	学时	1 课时
学情分析	本节课是教科版《物理》教材第三章第 3 节内容。教材首先通过一幅城市夜景引入新课,然后通过给出两个灯泡、两个开关等器材让学生探究使两个灯泡亮起来的方法。在这个开放性实验探究的基础上,教师要指导学生对各种电路进行统计和分类,总结出只有串联和并联两种方式,让学生掌握串联电路的特点。学生在学习本课之前就已经了解了电路的基本知识,本节课,他们需要理解不论电路如何复杂,如何神秘,它们都可以简化成若干的串联和并联电路来分析,感知物理与现代生产的密切联系。		
教学目标(含重、难点)			

一、课程目标
1. 知识与技能
(1)观察简单电路,能够连接基本电路。
(2)通过尝试连接两个灯泡的电路,掌握电路连接的两种基本方式。
(3)通过故障排除,了解串并联电路的特点。
(4)分析判断实际生活中阅读灯电路连接的方式。
2. 过程与方法
(1)通过桌面 VR 平台案例进行小组探究活动,了解电路的串联和并联。
(2)通过探讨和交流实际问题以及完成学习单,巩固电路连接的基本知识。
3. 情感、态度和价值观层面
(1)培养学生勇于探究,实事求是的科学精神。
(2)借助 VR 平台,培养学生的观察能力,增强学生探究学习的能力。

二、教学难点
电路故障的排除。

三、教学重点
电路的连接方式及特点。

教学准备

(1)PPT 课件——电路的基本连接方式。
(2)桌面式 VR 系统课件——串联和并联。
(3)项目学习单。

第 7 章　VR 技术在中学基础类课程中的应用

续表

教学环节	教师活动	学生活动	设计意图
教学导入（5min）	复习电路基本知识，引出电路连接的基本方式：串联和并联。	聆听、思考，进入教学情境。	培养学生的思考能力。
观察电路（15min）	活动 1：观察电路 学生以小组为单位用 VR 系统软件观察电路系统，了解电路的基本组成部分（图 7-1）。 图 7-1　并联电路	小组探究活动：观察电路，完成学习单活动 1 习题。	培养学生的小组合作能力、自主探究能力以及空间思维能力，对客观事物的认识。
设计电路（20min）	改变开关在电路中的位置，观察开关位置对串并联电路的影响如图 7-2 所示。 图 7-2　串联电路 活动 2：为你的教室设计一套灯光系统，并说明如此设计的优点和缺点。	小组探究活动：完成活动 2 习题。	培养学生的小组合作能力、知识应用能力。
课堂总结（5min）	回顾本节课所学知识点。	聆听、思考。	知识的及时总结并活学活用。

7.1.3　VR 教学反思

本教学设计立足生活应用，充分开发教学素材，凸显新课程标准中提出的关注物理学与生活，提高学生科学探究能力的理念。在课堂上使用 VR 技术为物理学习提供了良好的条件，完成了只有在理想环境下才能实现的内容；解决了安全操作的问题；将过于微观或者宏观的内容生动具体地进行了展示；呈现出肉眼无法观察到的实验内容。

本节课利用桌面式 VR 设备，为学生展示简单电路构造。学生通过人机互动的方式，经历观察、拆解、调整等环节，直观、形象地了解实际应用中的电路结构及部件特点。借助 VR 设备创设情境，还能够激发学生进行深度思考，使整个课堂热烈而又兴奋，学生可形成科学、严谨的逻辑思维，有助于学生形成良好的思维模式。同时，希望更多的教育者能够客观、科学地看待 VR 技术，扩大 VR 技术在物理教学中的应用范围，全面促进物理学科教育教学的多元化发展，探索教育的多种可能性，为素质教育贡献力量。

7.2　VR 技术在生物教学中的应用

7.2.1　生物学科融合背景

在新课改和信息化、物联网的时代背景之下，已有的多媒体教学技术已经很难满足教育教学的需求，而虚拟现实技术凭借其沉浸性、交互性以及多感性的特点，使虚拟现实技术在教学应用的实践可行性得到提升。在生物教学中使用 VR 技术，可以让学

第7章　VR技术在中学基础类课程中的应用

生对课堂和所学知识有全新的学习体验，在课堂中创设真实的学习情境，进而提高学生的核心素养。

中学阶段的生物学教材中有大量的实验内容，且实验的内容还是考试中必不可少的重难点。但是当前的实际情况是绝大多数的中学缺乏系统的生物实验，有些学校受限于资源瓶颈，甚至让学生直接背诵实验内容，导致学生的学习兴趣减退，无法有效建构知识。在进行生物教学时使用虚拟现实技术，能够利用 VR 的实验模拟功能，为学生搭建虚拟的实验平台。学生使用 VR 设备可以通过第一人称的视角进入虚拟实验室，使用手柄操作拿起实验台上的虚拟器具，按照教师的指导进行实验过程，从而完成实验任务、验证相关结论。这样不但节省时间，费用支出同样也会减少，同时还可以在课堂中完成知识的学习与迁移。

7.2.2　VR 教学设计

问题情景下的探究式课堂教学模式要求学生处在问题情景之中，问题就成为他们主动认知和探究的内部驱动力，建构对问题意义的理解就成为他们必然追求的目标，开展探究的意义决不在于直接得出与教科书无异的结论，而是在于让学生知道和体验怎样去寻找科学真理。对于学生在探究中的发现，只要对他本人来说是新知、新感悟就应受到鼓励。

本节课的教学，教师将充分挖掘学生的主观能动性，给同学们创造观察实物——人的心脏的机会，让学生能够将课本中的结构示意图与实物相结合，设置系列问题，激发学生的求知欲望，引导学生进一步探究所需要的经验和知识，使学生通过观察、小组合作的学习方式，在主动探索和合作交流的过程中，自主构建心脏的结构和功能等有关知识。

本课整个过程遵循"观察体验"和"学生自主探究"的原则，利用VR技术将心脏模型呈现在学生面前，学生通过观察、解剖等方法逐步建构对心脏结构与功能的认识。本课教师的指导仅仅是提出问题或活动要求，主要是提供有结构的材料，充分发挥学生主观能动性和集体智慧进行探究，使学生在"体验"和"探究"的过程中学习科学知识，发展科学思想。如表7-2所示，初中生物课程与VR技术相融合的教学设计。

表7-2 初中生物课程教学设计

教学基本信息			
授课主题	输送血液的泵——心脏	学段/年级	8年级
学科名称	初中生物	学时	1课时
学情分析	一、教材分析 《第三节 输送血液的泵——心脏》是"第四章 物质"的运输中核心章节，知识点多，且生理过程复杂。学生在学习营养物质的吸收和肺泡内的气体交换时，都提到了与血液的物质交换，并把物质带到全身各处，以满足身体需要。给学生留下了太多有关血液循环知识的空缺，通过本节的学习，学生能很好地把前后知识连贯起来，认同人体是一个功能整体的观点。本节内容主要以观察为主，采用"提问—观察—讨论—归纳"的教学模式。使学生乐学、会学，通过探究概括总结出新知识。培养学生的分析概括能力，锻炼学生观察和自我学习的能力。 二、学生情况分析 学生对心脏有些是零碎、片面的认识。七年级学生抽象思维和想象力还有待加强，因此，在教学中要尽量给学生提供实物，保证真实性。使学生获得生动的感性认识，激发学生的学习兴趣，把抽象的内容形象化、具体化，将复杂的题简单化，吸引学生的注意力。让学生充分感知，遵循学生的认知规律，精心创设问题，引导学生循序渐进掌握本节内容。		

第7章　VR技术在中学基础类课程中的应用

续表

教学目标（含重、难点）

一、教学目标

（1）认识心脏的结构、理解心脏的功能；强化生物体的结构与功能相适应的生物学观点。
（2）通过观察人的心脏，培养学生观察、实验等探究能力以及合作学习的能力。
（3）通过理解药物随血液循环的输送原理，培养学生思维能力、分析解决问题的能力。

二、教学重点

心脏的结构及其相连的血管和功能。

三、教学难点

血液的循环途径。

教学准备

（1）PPT课件——认识心脏。
（2）桌面式VR系统课件——心脏。
（3）项目学习单。

教学过程			
教学阶段	教师活动	学生活动	设计意图
引入	展示AED的照片，帮助心脏停搏的病人施救。今天我们学习心脏。	表达交流。	引发学生研究心脏问题的愿望。
探究	请同学们佩戴好VR眼镜，按学案中的步骤观察我们的虚拟心脏模型（图7-3），并完成学案。（指导学生观察心脏中的关键步骤和纠正出现的错误。） 图7-3　心脏模型	分组按学案中的步骤观察，贴标签，并完成学案。	通过学生观察人的心脏，理解心脏的结构。

119

续表

	教　学　过　程		
教学阶段	教师活动	学生活动	设计意图
解释	一、组织学生展示交流重点知识 （1）识别瓣膜，血液流动的方向。 （2）识别与心脏四个腔连接的血管名称是否正确（图7-4）。 图7-4　心脏血管模型 二、板画，建立知识间的框架 上房下室 左右颠倒 房静室动 三、体循环和肺循环 心脏的左右不通，如何建立左右之间的联系？梳理体循环、肺循环的途径以及体循环、肺循环的意义。	展示交流。 梳理笔记。 思考、板画：体循环、肺循环。	通过学生讲解展示，解决重难点问题。通过画图的形式，加深对心脏结构的理解。 启发学生推导体循环、肺循环的途径。 启发学生理解体循环、肺循环的意义。
迁移	思考：不同的给药方式，在血液循环中经历的途径。	思考，讨论，表述交流。	启发学生应用血液循环的知识解决实际生活中的问题。
评价	课下作业情况：参考课本P63，用素描纸绘制人体血液循环途径。	纸绘制人体血液循环途径。	利用学案、画图等形式加强落实。

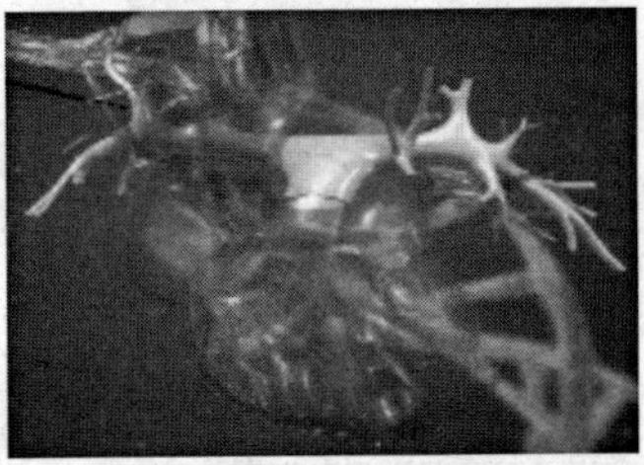

第 7 章 VR 技术在中学基础类课程中的应用

7.2.3 VR 教学反思

在生物教学中使用虚拟现实技术，有着显著优越性，VR 系统通过构建虚拟的试验平台来实现具有真实感的教学交互。使用 VR 技术，教师不用再将课本的文字内容转移到屏幕进行教学，而是借助计算机来建立各种虚拟的试验环境。教师和学生可以按照教学内容使用 VR 系统，且随着 VR 操作水平的进一步提高和应用，学生学习生物也会变得更有趣味性，学习热情也会显著提升。

在生物课上使用 VR 技术来观察和了解心脏的复杂结构，能够让学生有一种身临其境的感觉，为其提供 "替代经验"，从而弥补直接经验的不足之处，探索未知领域和事物。在授课的过程中我们发现，学生在看到 VR 中的心脏结构之后表现出了非常浓厚的研究兴趣和探究欲望。之前的课上，教师仅仅依靠传统教学媒体无法给学生建立相关的学习情境。VR 技术则为学生的研究和探索新知带来了理想化的工具，它能够把心脏结构的情景模拟出来，让学生观察和理解，让学生沉浸其中，并通过拆分来感知心脏不同结构的外观和功能，不仅使学生加深了理解，同时也为接下来的学习奠定了坚实的基础。

7.3 VR 技术在地理教学中的应用

7.3.1 地理学科融合背景

地理是研究人类赖以生存的地理环境和人类与地理环境关系

的一门学科。初中地理学科的学习不仅要求学生认识并且记住一些重要地理知识的名称、数据以及分布,还要求掌握地理知识和现象的空间分布标准,这些都是地理教学的教学目标。因此,在初中地理教学过程中,需要培养学生的空间思维能力、感知运动思维能力以及转化思维能力。

在地理教学的过程中,教师运用的教学方法与媒体都会对学生学习兴趣和知识掌握的程度产生影响,进而对最后的教学效果产生一定的影响。在传统教学中,地理教学主要是教师将全部的知识灌输给学生。多媒体和PPT的应用虽然能够让学生更直观地掌握知识、理解有关问题,提高学习效率,但现有的多媒体技术仍然需要学生根据自己的想象力和空间感来学习知识,并在脑海里形成印象,且这些印象是否正确是完全根据学生的生活经验来确定的,所以确实难以确保学习效果是否达标。虚拟现实技术的到来,给课堂教学带来了新的可能性。应用虚拟现实技术,教师能够让课堂教学更加活跃。教师可以利用三维媒体,让学生有一种身在其中的感觉,进一步让学生产生学习地理的兴趣。还会让课堂的环节更加灵活,学生能够根据自身的兴趣和爱好选择适当顺序去学习,增强了课堂教学的互动性。

7.3.2 VR教学设计

地理科目的特点在于,大部分地理事物的演变过程都是非常漫长和抽象的。传统教学媒体难以让学生真正理解知识。借助VR技术能对这些过程进行模拟。例如,世界气候特征中,气候变化规律和成因的学习是极其抽象的。运用虚拟现实技术的三维显示和动态模拟功能,能够将气候特征的分布情况和气候形成的

第 7 章 VR 技术在中学基础类课程中的应用

过程呈现出来,从而实现更好的教学效果。如表 7-3 所示,高中地理课程与 VR 技术相融合的教学设计。

表 7-3 地理课程教学设计

教学基本信息			
授课主题	世界气候特征	学段/年级	高中一年级
学科名称	高中地理	学时	1 课时
学情分析	本节课内容是高一年级《地理必修 1》第三章第 3 节的知识内容。学生在学习本节课之前,已经初步了解了世界不同区域的气候类型,但并未对气候的规律、特征和成因有细致深入的理解。因此,本节内容将基于初中所学,结合高中原理继续深入展开学习,进而为后续章节内容的展开奠定基础。		
教学目标(含重、难点)			

一、课程目标
1. 知识与技能
(1)运用气候直方图,分析世界主要气候类型的特点及其对生物的影响,初步学会对不同气候类型影响下的代表性生物做出判断。
(2)进一步增强对地理事物的好奇心,提高学习地理的兴趣,进一步形成全球意识。
2. 过程与方法
(1)通过 VR 系统进行小组探究活动,了解世界气候的特征。
(2)通过 VR 系统探究世界气候的差异、分布并完成学习单。
3. 情感、态度和价值观层面
(1)通过对世界气候的学习,培养学生大胆质疑、勇于探究的科学精神。
(2)借助 VR 虚拟现实平台,培养学生的观察能力,增强学生探究学习的能力。

二、教学难点
世界主要气候类型的特点。

三、教学重点
运用气候直方图,分析世界主要气候类型的特点。

教 学 准 备

(1)PPT 课件——世界的气候特征。
(2)VR 课件——世界的气候。
(3)项目学习单。

续表

教学环节	教学过程		
	教师活动	学生活动	设计意图
教学导入 （5min）	出示：一组世界各地植被景观的图片。 提问：四张景观图片有何差异？这些差异的形成与哪个地理要素有关。	观察，说出各地自然景观的差异与各地的气候密不可分。	初步从景观的差异，了解世界各地的气候差异。
认识气候 （10min）	使用 VR 平台观察《世界的气候》（图 7-5）并思考：答热带、温带、寒带各有哪些气候类型。 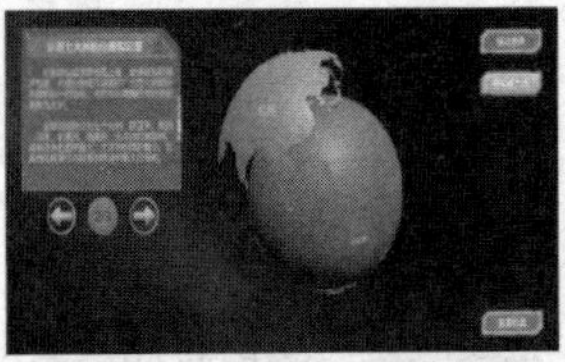 图 7-5　地球气候模型	小组探究活动：观察 VR 课件并完成学习单第一题。	培养学生的小组合作能力、自主探究能力。
掌握分析法 （10min）	提供准确描述气温和降水的词语及标准（高温、寒冷、温和、凉爽、多雨、湿润、干旱）。气候特征描述公式为 　　气候特征 = 时间 + 气温 + 降水	回忆、思考、回答。完成习题二。	进一步明确分析气候特征的方法。
游学之旅 （15min）	VR 观察（图 7-6），情景设置：去国外游学。按小组领取任务卡，各小组讨论完成自己的任务。 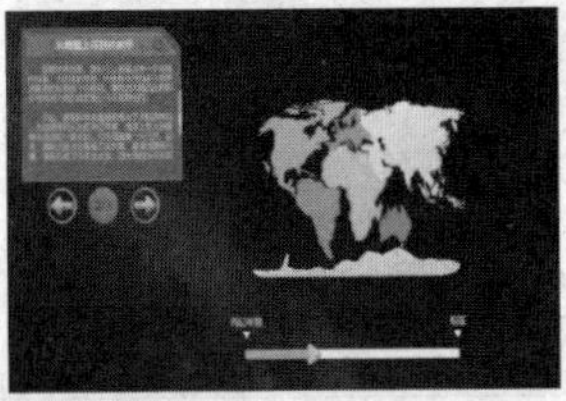 图 7-6　各大洲气候模型	小组活动：先用 VR 系统进行观察，再完成学习单思考题。	初步掌握气候直方图的分析方法。
课堂总结 （5min）	回顾本节课所学知识点。	聆听、思考。	知识的及时总结并活学活用。

第 7 章　VR 技术在中学基础类课程中的应用

7.3.3　VR 教学反思

地理教学中的大部分相关资料都是教师根据自己的爱好提前准备好的，让学生跟随教师的思路去学习，根据教师准备的资料学习和探索，并没有完全按照学生需求与爱好及时调整和互动，因此沉浸性与互动性都是特别有限的，而对于学生来说，因为并没有亲自在现实中感受和欣赏有关事物，他们难以理解其中的特别之处，难以形成更加具象的认知。

与传统教学不同的是，它不是将知识全部灌输给学生，而是把学生放在主体位置，强调学生的个体意义，主要关注的是学生的需求、想法以及爱好等因素。根据人本主义理论，需要根据学生的兴趣和爱好为他们设置学习内容。并且重视在实践中学习，主要引导学生体会实际生活中的问题，在实际体验中解决有关问题，同时也需要建立真实的问题情境，引导学生直接面对问题。虚拟现实技术可以按照学生的需求，寻找与学生特点和爱好贴近的教学资源。在课堂教学的过程中，学生能够在虚拟与现实的世界中自由穿梭，能够完成知识和学生之间的互动和对话。虚拟现实技术正好能让教师顺利实现这个目标。在教学中，运用虚拟现实技术可以让学生迅速地投入课堂学习中；在课堂探究活动中，也可以根据学生自己的兴趣与能力针对一些抽象的地理知识与地理事物进行自主探究。

虚拟现实技术是现代社会中的一种新技术，目前，在地理教学过程中依旧是一种尝试和开始，而随着教育部门的逐渐重视，及虚拟现实技术在地理教学中逐渐发挥的重大作用，虚拟现实技术逐渐渗透初中地理课堂中就是必然的。

本 章 小 结

新一轮的课程改革提出了发展学生核心素养的新要求。需要新的教学手段和教学方式来提升学生的核心素养，VR技术的应用为基础类课程的教学改革提出了新的方向。

建构主义理论提出，在教学过程中需要将学生作为主体，学生是信息的主要构建者。因此，在教学的过程中，教师要以学生为主体，积极转变自己的角色，由原来的灌输者变成引导者与协作者，把学生放在实际教学情境中来自主学习，指导学生主动参与到学习中，让学生在教学中自主探究。而VR技术正好能让教师顺利实现这个目标。在教学中，运用VR技术可以让学生迅速地投入课堂学习中，根据学生自己的兴趣与能力针对一些知识进行自主探究。在以往的课堂教学模式中，学生对于某些现象和知识仅仅停留在想象这个阶段，而借助VR技术构建的虚拟情境，能将全部画面直观地呈现在学生面前。学生可以作为虚拟世界中的一员根据自身的兴趣穿梭在课程情境中间，身临其境地体会虚拟情境带来的良好体验，从而更加高效地完成知识的学习与内化。

第8章 VR技术在中学技术类课程中的应用

引言：技术类课程是应用性较为突出的实践教学科目，需要在教学中体现出实践教学的特色。之前往往因为设备落后、操作安全等问题限制了学生在技术实践方面的发展。VR技术的出现以及在教学中的应用可以在一定程度上解决操作安全的问题，不仅激发了学生对于技术类课程的学习兴趣，还为他们创造了一个相对安全的学习环境，对于中学技术类课程的发展具有重大的意义。本章选取初中信息技术和高中通用技术的两节课作为代表，体现了VR技术在技术类课程中的应用所带来的积极影响。

8.1 VR技术在初中信息技术课程中的应用

8.1.1 课程介绍

本节课是初中一年级第一章《管理计算机》中第2节《计算机的构成》中的内容，主要知识点为计算机系统的分类、计算机硬件和软件的构成。教师使用沉浸式VR平台进行授课，与本节课相对应的VR案例是《计算机的组成》。

VR技术在信息技术课程中的应用能够有效地激发学生的学

VR 技术在数字教育中的应用

习和探究兴趣,本节课的教学设计借助 VR 系统构建的虚拟情境来进行计算机构成的知识讲授,并通过 VR 系统构建的虚拟计算机硬件系统进行虚拟拆解和组装,帮助学生快速地认识和掌握构成计算机的各个部分的名称和功能,从而很好地实现了学生学以致用的目标,极大地提升了学生的迁移效果和技术素养。

8.1.2 教学设计

1. 教学目标

(1) 了解计算机组成各部分的名称和作用。

(2) 知道什么是计算机软件,了解计算机软件的作用。

(3) 了解计算机处理信息的过程。

2. 教学重点与难点

(1) 计算机是由特定功能的各种设备组合在一起的一个整体。

(2) 计算机硬件和软件的概念。

3. 教学设计

教学设计如表 8-1 所示。

表 8-1 《计算机的构成》教学设计表

	教师活动	学生活动
课程讲授	一、课堂导入 　　同学们,计算机(Computer)对于我们来说已经不再陌生了,它已经成为我们生活中必不可少的工具之一。那么你们知道计算机是由哪些部分组成的吗?大家不要急着回答,请大家戴上 VR 眼镜,我们一起来观察一下(图 8-1)。 　　同学们,通过 VR 展台,我们看到了一台虚拟的计算机设备,桌面上是构成计算机的各个虚拟硬件,现在,大家可以说说你们看到的硬件(根据学生的讨论进行总结)。	聆听并思考。 借助 VR 设备,观察计算机的硬件。

第8章 VR技术在中学技术类课程中的应用

续表

课程讲授	教 师 活 动	学生活动
	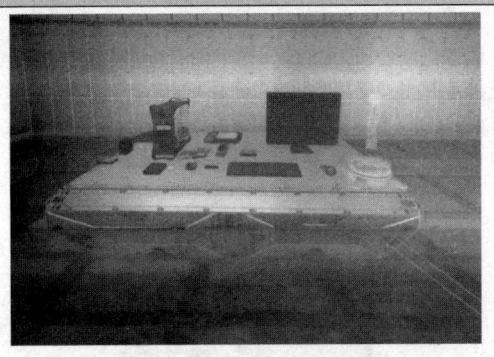 图 8-1　计算机构成案例 　　有些同学说了计算机的硬件组成,还有一些同学提到了计算机里安装的软件。那么,可以告诉大家的是,计算机是由硬件和软件两个部分组成的。今天我们就一起来认识一下它们。 **二、讲授新课** 　　大家已经看到,计算机硬件从外观上看是由主机、显示器、键盘、鼠标器等部分组成。硬件就是我们实实在在能够看到的计算机的各个组成部分。下面,我们操作VR将一台计算机进行虚拟拆装(图8-2),大家来观察一下计算机的内部构造(操作VR虚拟案例进行具体讲解)。 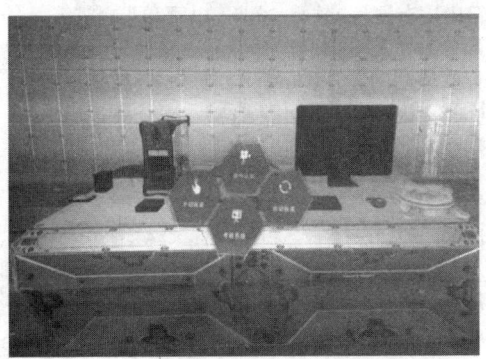 图 8-2　拆解操作图	聆听并思考。

续表

	教师活动	学生活动
课程讲授	1. 主机 主机是计算机的心脏和大脑,在里面有很多的部件,分别实现各种连接和处理功能。它能存储输入和处理的信息,进行运算及控制其他设备的工作。打开计算机主机箱,里面有一块电路板,这就是计算机的主板（简称主板）。一般地,计算机的重要控件都做在计算机的主板上（图8-3）。  图8-3 计算机硬件 主板上还许多部件,如 ROM、RAM、总线槽、插座、电池等。机箱内还有硬盘、软驱、光驱、电源和小喇叭等。其中,核心部分是微处理器和内存储器。微处理器是计算机中集成程度最高的芯片,Inter 公司是生产微处理器的最著名的厂商,1993 年生产出了奔腾,1995 年推出了奔腾Ⅱ;接着,又推出了奔腾Ⅲ,直到现在的 CORE I7。 内存是暂时存放数据用的,现在常见的是 256MB、1GB、2GB 等规格。 2. 输入设备 键盘主要用来输入文字和命令,是一种输入设备。其实输入设备还有很多,我们常用的还有鼠标器、话筒、扫描仪、手写笔等（图8-4）。	聆听并思考。 聆听并思考。

第8章 VR 技术在中学技术类课程中的应用

续表

教师活动	学生活动
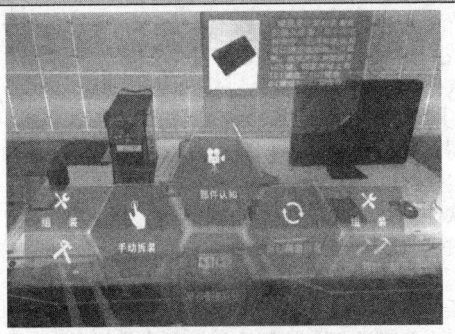 图 8-4 输入设备名称 3. 输出设备 　　显示器可以把计算机处理的数据给我们看，它是一种输出设备。输出设备还有打印机、音箱等。打印机通常有针打、喷打、激打之分。 　　**练一练**：我们通过操作了解了计算机系统通常由输入设备、主机和输出设备三部分组成。其中主机是计算机的核心，而输入和输出设备中除了显示器、键盘必不可少外，其他的可根据需要配备，以上都是能够看到的部分，我们把它们称为硬件。 　　下面，大家可以使用 VR 设备来将硬件的各个部分拼装到一起，如图 8-5 所示。  图 8-5 计算机拼装操作	使用 VR 设备，完成教师布置的任务。

（课程讲授）

续表

	教师活动	学生活动
课程讲授	计算机光有硬件还不行，它没有生命力，要是想让计算机完成我们想做的工作，使它"活"起来，必须给它安装一些软件。 **说一说：**同学们能否举几个软件的例子？ 　　大家说得非常好，但是你们是否发现了你们所说的各种软件其实是可以划分和归类的呢？ 　　1. 系统软件 　　系统软件是一种综合管理计算机硬件和软件资源，为用户提供工作环境和开发工具的大型软件。系统软件主要有操作系统和程序设计语言两类。操作系统是计算机的大管家，它负责管理和控制计算机各个部件协调一致地工作，是一个最基本、最重要的系统软件。一台计算机必须安装操作系统才能正常工作。Dos、Windows、Unix、Linux 等都是计算机的操作系统软件。现在我们最常用的是微软公司的 Windows 系列操作系统。 　　2. 应用软件 　　应用软件是计算机用户为了解决某些具体问题而编制的软件。有了应用软件，才能在计算机上画图、写文章、制作多媒体、玩游戏等，如 Excel、Word、PowerPoint 等都是应用软件。 　　计算机信息处理过程计算机的硬件组成有点像人的大脑、眼睛、耳朵及笔、纸等，计算机处理信息的过程也类似于人脑。比如我们要把书上的一段文字在 Word 中用拼音输入法输入到计算机中，我们先应该用眼睛看这段文字，眼睛把看到的字传给大脑，大脑要对这个字进行处理，如果认识，大脑就可以产生这个字的拼音编码，然后大脑指挥手指用键盘输入这个字。这样继续下去一段文字就会输入进去了。在这一连串的动作中眼睛相当于输入设备；大脑相当于主机进行各种处理工作；手就相当于输出设备，把大脑的处理表现出来。计算机的工作过程也像人一样，首先通过输入设备键盘把这个字的编码信息输入主机，由主机对信息进行加工处理，再把加工处理后的信息通过输出设备（屏幕）输出。由此可见，计算机的工作过程可以用"输入、处理、输出"6 个字来概括。	思考并举例。 聆听并思考。

第8章 VR技术在中学技术类课程中的应用

续表

	教 师 活 动	学生活动
课程讲授	三、课堂小结 （1）计算机是由哪些部分组成？ （2）构成硬件的各个部分有什么功能？ （3）软件的分类与举例。 （4）你觉得使用VR的效果如何？	思考并回忆学习的内容。
	四、课后作业 （1）你能说出计算机由哪些部分组成吗？ （2）你使用的计算机的芯片是什么型号的？ （3）如果你要在计算机中玩下象棋的游戏，应该如何做？	完成课后作业。

8.1.3 教学反思

本节课在设计时强调尊重学生的认知规律。使用VR设备中的《计算机的构成》案例来引导学生进入学习情境，使学生在观察和探究的过程中紧紧围绕教学目标。

如何上好信息技术课一直困扰着相关学科教师，知识内容的滞后性和乏味性使理论知识与实践能力的脱离成为信息技术课程教学中的典型问题。相比于传统信息技术教学，VR技术的使用打破了已有的局限性，例如，学生能够自己动手，将理论知识加以实践，不仅仅把理论知识变得更加形象生动，也为提高学生学习兴趣奠定了基础，培养了学生的自主学习、独立思考的能力，同时还创新了教学模式，为学生提供了一个更加"真实"的操作环境，提高了学生学习的自由度和投入水平，同时还降低了各种风险，很好地解决了理论知识与实际脱离的情况，使用VR技术能够有效结合理论知识与实际操作，大大提高了学生在信息技术课堂上的参与度，促进学生对信息技术学习积极性的提高。通过

VR案例进行的实践操作能够有效解决学生的一些疑惑,在实际能力上有比较大的提升。

作为任课教师来说,借助VR技术可以让学生有更好的学习动机,整个教学过程更加的紧凑,各个环节衔接自然,通过合理的探究、讨论、讲授、启发和思考的全过程来帮助学生理解和掌握知识内容,从而使教与学的各方面融合得更加自然。在充分关注学生认知的基础上,遵循虚拟情境中的环环相扣、层层启发的原则,使整个教学结构严谨有序、水到渠成。

本课例经过实践验证得出结论,VR系统构建的虚拟情境能够帮助教师更快地将学生带入学习情境中,更好地激发学生的学习兴趣和探究热情,通过实践操作将知识内容从了解到掌握再到应用的过程自然而然地发生。另一方面,对于学生来说,使用VR设备上课耳目一新,避免了传统课堂的枯燥。而在虚拟情境下的实践操作则能够帮助他们及时地将所学知识加以应用,从而在学生与教师的互动过程中理解和掌握相关知识点,并通过实践更好地提升自身的核心素养,使整个教与学的过程自然发生,顺势而成。

8.2 VR技术在高中通用技术课程中的应用

8.2.1 课程介绍

本节课的课题为高一年级通用技术《经典结构赏析》,使用沉浸式虚拟现实平台中的《中国经典建筑——永城殿》案例。本课程在教学过程中基于信息技术的整合,将虚拟现实融入实际教

第8章　VR技术在中学技术类课程中的应用

学,使学生摆脱传统教学手段的束缚,通过全新的技术对我国的经典建筑进行赏析,如图8-6所示。

图8-6　VR平台上展示的永城殿案例

沉浸式虚拟现实平台中的《中国经典建筑——永城殿》案例是针对目前为止保存最完整的古代宫殿建筑。通过VR平台,学生能够自由地对永城殿进行观察,并通过虚拟装配的功能来分解建筑结构,从而帮助学生更全面地了解古代建筑的风格、方法和结构。与此同时,教师还能够通过结构复位的功能来实现结构的重新搭建,让学生在实践的过程中掌握从技术角度和文化角度来欣赏中国古代的经典建筑和结构的方法。

8.2.2　教学设计

1. 课程分析

本节课《经典结构赏析》是普通高中教科书《通用技术·必

修 2》中第一章第 3 节的内容。本章《结构及其设计》是《高中通用技术必修 2》的起始章节,介绍了结构的重要内容,这些知识不仅与我们的生活息息相关,且广泛地在生产、生活中应用,并具有悠久的历史。从全章视角来看,本章在内容上注重学生对于物体结构的认知和应用,通过与日常生产、生活、新科技等密切相关的内容,如建筑、桥梁等,使学生认识到通用技术中的结构是有用的、有趣的。从本节视角来看,对于结构的评价是下一步进行简单结构设计的重要基础,正确客观的评价能够有助于学生设计出更好的结构,从而应用于实际生活中。对于经典结构的欣赏体现了技术、科学和社会的思想,同时具有人文精神,反映时代特征。传统教学由于教学资源不足,难以有效激发学生的探究兴趣,从而无法对结构和建筑进行更加深入的了解。

2. 教学目标

(1)知识与技能。使学生了解和掌握经典结构的欣赏角度和评价方法,学会运用 VR 技术对经典结构加以观察、描述和交流,培养学生的动手实践能力和通用技术核心素养。

(2)过程与方法。能独立进行 VR 系统的操作;能够从技术和文化角度对经典结构进行欣赏和评价。

(3)情感态度价值观。体验 VR 系统带来的身临其境的感受;通过知识探究和实践操作,感受中国传统文化的独特魅力,激发学生保护和传承中国传统文化的热情和方法。

3. 教学重点与难点

(1)教学重点。对不同的结构进行对比,了解它们的独特之处。

第 8 章　VR 技术在中学技术类课程中的应用

（2）教学难点。从技术和文化的角度欣赏与评价经典结构。

4. 教学过程

教学过程如表 8-2 所示。

表 8-2 《中国经典建筑——永成殿》教学过程

	教 师 活 动	学生活动
教学过程	一、课程导入 　　在上一节课，我们一起了解了进行结构设计时应该考虑的一些主要因素。我们一起来回忆一下。 　　功能、个性化需求、寿命、成本、安全…… 二、课程讲授 　　从结构设计需要考虑的因素中可以看出，优秀的结构设计不仅表现在结构的实用功能上，还需要表现在形式上，特别是功能与形式的统一。古今中外许多能工巧匠把结构的功能与形式恰当地结合起来，形成了一些经典的结构。 　　说一说：每个人都接触过一些非常经典的建筑，请说说你认为经典的理由。（学生举例说明） 　　刚才两位同学分别向大家介绍了他们心中的经典设计作品。能否尝试着将他们欣赏的角度进行分类呢？ 　1. 技术角度主要有： 　（1）结构使用功能的实现； 　（2）结构的稳固耐用； 　（3）造型设计的创意和表现力； 　（4）材料使用的合理性； 　（5）工艺制造的精湛程度等。 　2. 文化角度主要有： 　（1）结构的文化寓意与传达； 　（2）公众认可的美学原则； 　（3）反映的时代、民族、习俗方面的特征； 　（4）结构的个性特征等。 　　接下来，我们一起从技术角度和文化角度来欣赏一下我国的经典建筑。	跟随老师的思路进行思考。 学生学习与思考。 学生思考。

137

续表

教师活动	学生活动
经典案例欣赏一：赵州桥 **案例介绍（学生介绍）** 　　赵州桥坐落于河北省赵县，于隋大业（公元605—618）年间由著名匠师李春建造，是当今世界上年代最久远、跨度最大的敞肩型石拱桥。 　　赵州桥栏板上的石刻，饕餮。饕餮，最贪吃，常饰于鼎的盖子上。因它能喝水，几乎在古代桥梁外侧正中都能见到，防止大水将桥淹没。 **案例评价** 　　1. 技术角度 　　（1）功能：单拱桥，桥面平坦，兼顾水陆交通。 　　（2）结构设计：桥拱两端肩部各有二个小孔，不是实的，故称敞肩型。二个小孔，一是可节省材料以减少桥身自重，二是能够增加桥下河水的泄流量，减少流水对桥身的冲击。赵州桥距今已1400年，经历了10次水灾，8次战乱和多次地震，赵州桥都没有被破坏，其结构的强度和稳定性科学合理。 　　（3）技术施工：28道拱圈纵向并列砌成，桥台设计为矩形，且较小；地基是承载力较小的亚黏土。 　　2. 文化角度 　　（1）平拱、小拱：巨身轻灵、跃跃欲飞的动感。 　　（2）栏板、望柱图案、龙门石、仰天石：刀法苍劲，造型生动，刚劲之中见柔和，稳重之中显轻灵，雄伟之中含隽永。对我国的桥梁建筑影响深远。 　　**想一想**：赵州桥"敞肩拱"的独特设计给我们怎样的启示？还有哪些结构设计与此相似？	在老师的带领下从技术角度和文化角度欣赏经典结构。 学生思考。
经典结构欣赏二：斗拱（VR） **案例介绍（学生讲解与演示）** 　　斗拱是我国独有的经典结构之一，下面我们借助虚拟现实（VR）技术来仔细了解一下斗拱的结构。 　　斗拱分为斗与拱，均为我国木结构建筑中的支承构件，在立柱和横梁的交接处。斗拱承重结构可使屋檐较大程度外伸，形式优美，为我国传统建筑造型的一个主要特征。承托飞檐的木块称为"斗"，托着斗的木条称为拱。飞檐的造型美并没有脱离建筑屋顶本身的结构功能，其轮廓的和谐、对称都是在合理的受力结构基础上产生的。	欣赏并评价经典结构。

（教学过程）

第8章 VR技术在中学技术类课程中的应用

续表

	教 师 活 动	学生活动
教学过程	（1）转角斗拱。 （2）柱间斗拱。 （3）柱头斗拱。 　　斗拱的重要作用毋庸置疑，而由斗拱构建的经典建筑更是我国历史文化的重要内容。下面我们分小组尝试从技术和文化角度来欣赏"永城殿"（图8-7)的斗拱结构，并将该建筑设计时考虑的因素以及你们的评价填写在评价表（表8-3）上。  图 8-7　永成殿模型 **案例评价（学生展示2）** 1. 技术角度 结构的功能、稳固耐用、设计创意、制造工艺。 2. 文化角度 结构文化寓意、美学原则、时代特征、结构的个性特征。 **三、课堂小结** 　　今天我们对两个经典结构的特点和历史进行了回顾与欣赏，大家从技术和文化的角度对我国的经典结构进行了剖析。 　　通过传统与现代的对比，我们最终得出了一个结论，那就是传统结构在现代建筑中依然适用，传统文化需要我们传承下去。	操作VR设备，亲自体验经典结构。 跟随老师进行总结。

续表

	教师活动	学生活动
教学过程	**四、课后作业** （1）寻找生活中的经典结构，选择 1～2 个你所欣赏的外国经典结构案例，尝试从技术和文化的角度进行评价。 （2）在北京城市规划蓝图中我们都可以看到，文物保护和古建筑恢复越来越受到全社会的关注。我国的古建筑有着悠久的历史文化底蕴，独特的建造风格和结构在世界建造史上占有十分重要的地位，也是我国传统文化的重要组成部分，其科学价值以及艺术性更是不可估量的。让我们将今天的知识转化为行动，一起为北京市的古建恢复和文物保护起草一份倡议书，将我们的传统文化继续传承下去。	完成课后作业。

表 8-3 经典结构评价表

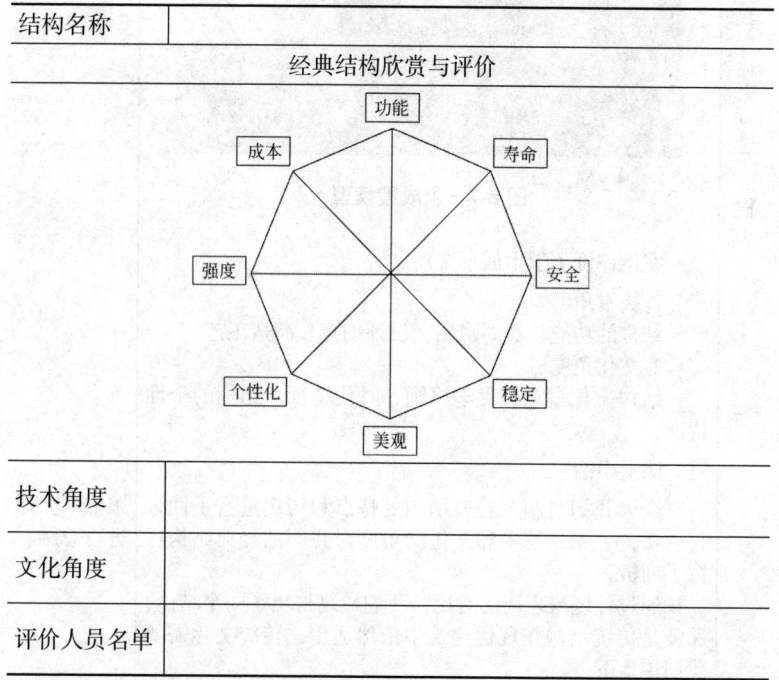

第8章 VR技术在中学技术类课程中的应用

8.2.3 教学反思

技术教育是全面教育及终身教育的基本组成部分，也是立德树人和促进学生技术核心素养形成的重要载体。普通高中通用技术课程以提高学生的技术核心素养为主旨，以设计学习、操作学习为主要特征，是一门立足实践、注重创造、体现综合、科学与人文相统一的课程。

通用技术课程有助于学生通过技术实践活动构建程序性知识并实现迁移；有助于强化学生手脑并用与知行合一，增强技术思想和方法的学习与运用，发展工程思维和创造性能力；有助于学生图样表达和物化能力的培养，提高其解决技术问题的综合能力；有助于增强学生对技术文化的理解，形成良好的技术理性和个性品质。

传统教学由于教学手段和教学方法相对固定，因此很难激发学生的学习动机。除此之外，通用技术非高考学科的定位也难以有效提升学生的学习积极性。VR技术可以为学生创建虚拟的学习情境，使学生有身临其境般的良好体验，对于激发学生的学习动机和学习积极性具有非常大的帮助。教师使用VR平台内的案例为学生构建了永城殿的虚拟建筑情境，让学生可以自由地观察和探究我国古代的经典结构。在教师的指导下，学生与VR、学生之间的交流与互动十分的顺畅，在这种学习氛围下，学生的学习状态和学习效果都是非常理想的。由此可以看出，VR技术在课堂中的应用可以显著提高学生的学习体验，并对学生在通用技术课堂教学中的感知和参与度产生积极影响。

本 章 小 结

在经过了多次教学改革之后,技术类课程的教学有了很大程度的改变,但依然存在着一些问题。例如,计算机硬件设备过于陈旧,运行速度过慢且不允许学生拆解等问题,这大大限制了信息技术教学的发展。而过于依赖传统工艺的通用技术课也局限于木工和金工的制作。再加上学生和家长们对技术类课程缺乏正确的认识,认为学生的学习重点应该放在应试科目之上,这些都使得中学技术类课程的教学亟待变革。

VR技术的出现以及在教学中的应用可以说极大地解决了操作的实践性和安全问题。相比于普通教学,虚拟技术的使用打破了传统形式的局限性,例如,学生能够自己亲自动手,将理论知识操作一遍,不仅仅把理论知识变得更加形象生动,也为提高学生学习兴趣奠定了基础,培养了学生的自主学习、独立思考的能力,同时还创新了教学模式,为学生提供了一个更加"真实"的操作环境,使学生能够有效解决一些疑惑,并使实际能力获得比较大的提升。

第9章 VR技术在中学实践类课程中的应用

引言：中学实践类课程强调学生综合运用各学科知识，认识、分析和解决现实问题，提升综合素质，着力发展核心素养，旨在培养学生综合能力水平的跨学科实践性活动。本章将介绍VR技术在初中综合实践活动和高中科技社团活动中的应用实践，以探究VR技术对提升学生实践能力的作用。

9.1 VR技术在初中综合实践活动中的应用

9.1.1 综合实践活动背景

近些年，我国在航天领域取得了巨大的成就，经过多年的努力拼搏，在党中央、国务院的正确决策和领导下，经过了导弹、运载火箭、人造卫星、载人航天等几个阶段，我国航天事业目前已经形成了体系，形成了规模。我国航天事业的发展以及学生综合能力提升的需要，使航天知识的科普越来越受到重视。我国航天事业的伟大成就对于培养中学生的爱国情怀能够起到极大的激励作用。

我国《基础教育课程改革纲要（试行）》中在对课程结构进行规定时，将综合实践活动课程作为国家的一门必修课程，作为语文、数学、外语等各科的延伸、综合、重组和提升，综合实践活动课程主要是基于学生的直接经验，密切联系学生自身生活和社会生活，注重对知识技能的综合运用，体现经验和生活对学生发展价值的实践性课程。它是综合程度最高的课程，具有独特的价值，是一门相对独立的课程，与其他课程相比，它具有整体性、实践性、开放性、生成性和自主性的特点。综合实践活动课程是中国基础教育深刻的革命性变化，是实施素质教育的重要途径，也是对传统教育思想和育人模式的重大挑战，能够有效地培养学生的创新思维、实践能力和社会责任感。

正是在这一背景下，综合实践活动课程致力于借助STEAM教育模式来提升学生的核心素养，以综合实践活动课程为平台培养学生发现问题和解决问题的创新思维和实践能力，以航天科技教育为主题激发学生的爱国情怀和社会责任感。通过项目式学习的方式让学生亲身参与到整个的实践过程中，在活动中发现问题，借助教师和现代教育技术有效地解决问题。

之所以选择航天科技为综合实践活动的主题内容，是因为作为航天教育特色学校，力求在课堂中激发学生学习航天知识的兴趣，普及航天科技技能，学习航天精神，增强爱国热情。而相比较于以往的基础学科对于航天相关知识的介绍非常匮乏，即使有所涉及也是从本学科的角度让学生进行了解，属于知识的传递，少有探究。基于此，本综合实践活动课程有针对性地结合了符合学校实际和航天科技教育的特点，选择初二年级的23名学生，使用STEAM教育模式，借助VR技术和3D打印技术，激发学生的学习兴趣和探究欲望。通过分组讨论，引导学生自主探究和集体思考。使用三维设计软件和3D打印机来设计一个自己心中的中国空间站模型，并以成果分享为巩固，以促使学生将所学知

第 9 章 VR 技术在中学实践类课程中的应用

识内化于心。整个综合实践活动紧密围绕着课程设计的五个环节，即看、探、学、做、享，有效地实现了学生核心素养的提升和全面发展的要求。

9.1.2 活动设计

1. 活动目标

1）知识与技能目标

（1）了解我国航天事业的发展现状，结合自己已有的航天知识储备，了解和掌握我国航天事业的发展过程和未来方向。

（2）熟悉 VR（虚拟现实）技术的发展过程，掌握 VR 设备的基本操作，能够根据 VR 平台的案例来进行探究。

（3）掌握三维设计与 3D 打印技术的操作，能够独立进行三维设计，并正确操作 3D 打印机，完成模型的设计和制作。

2）过程与方法目标

（1）能够熟练应用前期观察、自主探究、独立设计和团队合作等方法，完成发现问题、分析问题和解决问题的全过程。

（2）通过对中国航天事业、VR 技术的发展和实践以及三维设计与 3D 打印的设计与制作等知识的探究，以团队合作的方式将自己的创意转化为现实。

（3）在活动过程中使用 STEAM 教育方法进行教学，将 STEAM 教育的方法和思路贯穿整个活动中。

3）情感态度价值观目标

（1）通过对中国航天发展历程的了解和探究，结合中国空间站模型的设计与制作等活动，从认知、审美、情感和实践多方面发展对我国航天事业巨大价值的认识，产生进一步探索航天科技知识并加以实践的欲望和态度。

（2）借助 STEAM 教育的方法和理念激发学生孜孜不倦的探索精神和努力实践的创新体验，培养学生的核心素养，提升学生的创新思维、创造力和物化能力。

（3）在综合实践活动中让学生了解我国航天发展过程中遇到的困难、障碍和中国科学家不畏艰难的航天精神，从而进一步激发学生的爱国情怀，培养学生的社会责任感。

2. 活动流程

活动流程如图 9-1 所示。

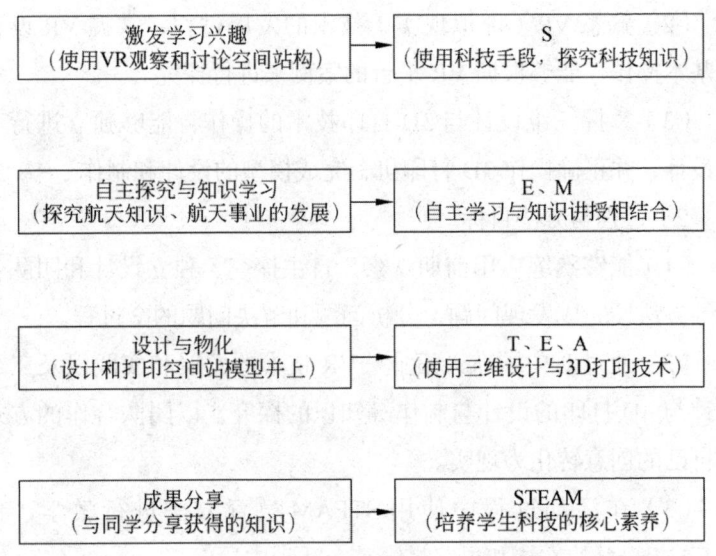

图 9-1　综合实践活动流程图

3. 活动实施

本综合实践活动课程共四次，每周一次，每节课 90 分钟。在第四次课结束时，学生应具备独立设计和制作模型的能力，并

第9章 VR技术在中学实践类课程中的应用

且有能力物化自己的创新设计。

学生借助VR设备观察航天器的构成,激发了自主探究我国航天器和航天技术的欲望。在教师的引导下,使用互联网了解中国航天事业的发展经历。之后,学生可以按照自己的创意以团队协作的形式,使用三维设计软件和3D打印机设计制作中国空间站的模型,包括核心舱、实验舱、载人舱、货运舱和连接舱五个不同舱位,并使用丙烯颜料进行打磨和上色。再向所有同学介绍自己的设计思路、设计过程和收获与体会。具体活动内容如下。

首先,借助学校特有的VR设备观察和了解空间站各个舱位的外形和组成方式。许多同学虽然对航天感兴趣,但是涉及空间站的知识非常匮乏。因此,让学生借助VR设备观察和了解空间站各个舱位的外形和组成方式,观察后,学生会产生与空间站有关的各种问题,从而达到激发学生探究意愿的目的。

其次,通过VR案例的观察,学生根据自己的初步设计开展进一步探究。此时,给予学生一定的时间和自由度,让学生通过互联网来探究心中的疑问。学生会提出一些问题,教师汇总后提供有针对性的指导,帮助学生解答疑问,并系统性地了解我国的航天发展过程,并查询空间站的各个组成部分,完成知识的学习。

再次,学生进行分组实践。体验了空间站的构成,也掌握了航天的相关知识,学生头脑中已经呈现了比较成熟的设计创意。接下来,学生以小组为单位,针对中国空间站的核心舱、实验舱、载人舱、货运舱和连接舱五个不同舱位,使用三维设计软件进行分组设计,并使用3D打印机打印完成。打印成型后,指导学生使用丙烯颜料为各舱位完成涂装。

最后，对作品进行评价与交流。作品完成后，每个团队选派一名设计者向所有同学介绍本组的设计思路、设计过程以及收获和体会。教师根据评价标准对学生进行评价。

9.1.3 活动评价

综合实践活动评价不仅是检验教师教学目标和学生实践效果的重要环节，还会对整个实践活动过程起到诊断、调节和激励的作用，应该遵循客观性、科学性、指导性和整体性的原则。

本综合实践活动基于 STEAM 教育理念来设计和开展。因此，对于综合实践活动的评价内容和方式都与传统的教学评价有所区别。STEAM 教育注重过程性评价，而非结果性评价。评价结果通常由自我评价、组间评价、组内评价和教师评价四部分构成。本综合实践活动进行教学评价时，教师提前制订统一的评价量表，从学生问题提出、团队合作、创新意识与想象力以及技术运用能力四个模块进行评价设计。因此，基于 STEAM 教育的综合实践活动评价需要在评价内容和方式上进行合理的变革，以促进学生的个性化发展，改善教学评价的反馈作用，最大的体现教学效能。

1. 评价主体

本综合实践活动的评价主体包括教师和学生两个部分。需要特别指出的是，参与评价的学生评价的比重要高于教师评价的比重。每一位参加综合实践活动的学生都需要进行自我评价和对他人评价，其中自评的比例为 60%，他人评价的比例为 30%。这样设计的目的在于鼓励学生进行自我评价，这有助于提升学生的学习兴趣和学习动力，还可以利用学生的自我评价来促进学生回

第9章 VR技术在中学实践类课程中的应用

顾自己在参加综合实践活动全过程中所掌握的知识和技能。与此同时,他人评价是其他同学对自己的评价,这在一定程度上锻炼了学生的表达能力,提升了自信心。另一方面,教师评价的比例为10%。这样的设计是因为强调以学生为主的评价,而教师只是根据自己的判断来对每一位同学进行评价,有效地避免了教师主观的刻板印象对于评价的影响,尽可能地保持评价的客观、公正。

2. 评价内容

在设计教学评价内容时,教师要关注学生的个性化成长,充分考虑到参加综合素质活动学生的能力差异,制订有针对性的教学评价内容,以确保评价的客观公正。

本综合素质活动基于STEAM教育理念进行开展,教学活动的终极目标是提升学生的综合素养。因此,在设计教学评价时主要关注学生发现问题、团队合作、创新意识与想象力以及技术运用四个方面的能力,最终通过以上四个方面的表现来综合评价学生解决问题的能力和表现。此外,因为本综合实践活动的主题是航天科技,具有很强的国家荣誉感。因此,还需要注意对于学生情感价值观和态度等方面的变化进行评价。对于学生的态度、价值观等表现性的评价,教师需要进行长期的观察,不能通过一次课、一个环节就急于下结论。

基于以上的原因,教师在实践活动过程中,需要为学生建立电子档案袋,将学生在活动全程中的表现都进行记录、收集和整理,不仅可以记录学生存在的问题并使其加以改正,还可以重点记录学生在遇到问题时的表现、是否将问题进行合理的解决以及是如何解决的问题等。学生在态度、情感价值观和核心素养等方面的评价也很重要,这样的综合评价会更加科学、合理。如表9-1所示。

表 9-1　学生评价电子档案(教师填写)

学生姓名:　　　　　　　　　活动日期:

评 价 方 面	学 生 表 现
是否能够发现问题?	
团队协作能力如何?	
创新能力如何?	
技术运用能力如何?	
情感态度与价值观是否有改变?	
综合表现:	

3. 评价方法

在教学评价方法的选择上,本综合实践活动采用过程性评价和总结性评价相结合的方式,且过程性评价占比70%,总结性评价占比30%。这样无论是核心素养还是STEAM教育理念都要求学生个性化发展,因此教师根据学生的特点通过恰当的评价方式了解学生思辨变化和整体发展状况。

为促进学生的学习效果,教师选择在学习过程的不同阶段对学生进行评价,促进学生进行反思,及时反馈学习过程中存在的差异,学生通过与他人的对比与交流,更容易产生新的创新思维和优异的解决方案,激发学生学习动力。需要指出的是,学生的学习过程是动态发展的过程,教师为学生建立评价档案可以追踪学生学习行为变化,为学生核心素养发展提供客观依据,了解学生在学习过程中的问题并及时有针对性地提出建设性意见,提升学生的核心素养。如表9-2所示。

第9章 VR技术在中学实践类课程中的应用

表9-2 综合实践活动评价方法

评价主体	评 价 方 式	评 价 目 的
自我评价	学生在把自己的作品进行展示之前,先要对自己的作品进行等级评定。自我评价时需要学生介绍自己的活动过程和作品创意,说出好在哪里或不好在哪里。同时还要说出在作品的制作中遇到了哪些困难,是如何解决的,在制作过程中自己的收获等。	自我评价能正确地认识自己、反思自己,并找到今后努力的方向。
对他人评价	因为和同学共同经历了制作的过程,所以对他人的评价会更准确。但对他人的评价一定要真诚、友善,并尽量从别人作品中的优点说起。在说完对方作品的优点后,还可以针对作品的不足委婉地提出自己的建议。	以欣赏为主的对他人评价会让被评价人感到被尊重和被肯定,内心充满信心,同时也愿意接受合理的建议。大家在交流中资源共享,可谓一举多得。
教师评价	教师评价不是一味地指出学生的缺点,而是给学生以及时的帮助与鼓励,充分挖掘学生的潜能。教师的鼓励应尽量采用肯定的语言。总之,教师的鼓励要强调优点,弱化缺点,让学生的内心时刻充满信心和勇气。	教师评价的目的是学生学习兴趣的激发,作为学生学习的合作伙伴,教师的评价是对于学生在自主探究中的收获与成长给予鼓励和肯定。

4. 评价指标

本综合实践活动基于STEAM教育的理念设计和开展,教师在进行评价时着重考虑学生整个活动过程中的成长,因此,分别设计了学生自我评价、对他人评价和教师评价三套评价指标,如表9-3~表9-5所示。其中,表9-3学生自评于每次活动结束前10分钟下发,由学生填写。表9-4对他人评价和表9-5教师评价则在综合实践活动全部结束前填写。需要说明的是,每位学生除了要填写自我评价之外,还需要选择一名同学进行他评,教师则需要对每位同学进行评价。需要特别注意,每一次的评价都是最后总评的重要依据，因此，教师需将每位学生的评价进行有序存放，以确保能够清楚地观察到每位学生在整个活动中的变化。

表 9-3 综合实践活动评价指标（学生自评）

姓名　　　　　　　　　　　　课次

自我评价	评 价 指 标	评分（满分 10）
知识获得	参加本次活动你学到了哪些知识？	
	哪些知识是老师教授的？哪些知识是你自主学习的？	
技能获得	参加本次活动你掌握了哪些技能？	
	你是否将所学的技能应用到了活动中？	
奇思妙想	你在活动中是否提出过自己的想法和创意？	
	你是否将你的创意应用到了活动中？	
交流沟通	你在活动中与同伴进行了哪些交流？你们的意见是否一致？	
	当你与同伴意见不一致时你是如何处理的？	
情感表达	你觉得这次活动给你留下印象最深的是什么？	
总　分		

表 9-4 综合实践活动评价指标（对他人评价）

你的姓名　　　　　　　　　　　　被评价人姓名

	评 价 指 标	评分（满分 10）
对他人评价	他（她）在本次综合实践活动中掌握了新的知识和技能。	
	他（她）在实践活动中应用了新的知识或技能，来解决问题。	
	他（她）在实践活动中提出了自己的想法和创意。	
	他（她）在非常善于并且愿意与同伴进行交流。	
	他（她）在实践活动中总是积极地看待问题，并有向我们传递过正能量。	
总　分		

第9章 VR技术在中学实践类课程中的应用

表 9-5 综合实践活动评价指标（教师评价）

学生姓名

	评 价 指 标	评分（满分10）
教师评价	他（她）在本次综合实践活动中能够很好地发现问题。	
	他（她）在实践活动中愿意团队协作。	
	他（她）在实践活动中具备创新能力。	
	他（她）具备解决问题的知识和技术。	
	他（她）在本次实践活动过程中价值观发生了变化。	
总 分		

9.1.4 活动反思

1. 教师教学效果反思

本案例基于 STEAM 教育理念，针对初二学生的特点，使用先进的教学技术手段，激发学生的学习兴趣，鼓励学生自主探究，合作完成设计作品。经过四次实践活动后，顺利完成了最初设计的教学目标，使学生不仅收获了知识还掌握了技能，提升了解决问题的能力，培养了学生的核心素养。

首先，借助学校特有的 VR 设备观察和了解空间站各个舱位的外形和组成方式。其次，通过 VR 的观察，学生根据自己的初步设计开展进一步探究。教师指导学生通过互联网来了解我国的航天发展过程，并查询空间站的各个组成部分。再次，针对中国空间站的核心舱、实验舱、载人舱、货运舱和连接舱五个不同舱位，使用三维设计软件进行分组设计，并使用 3D 打印机打印完成。打印成型后，指导学生使用丙烯颜料为各舱位完成涂装。最后，设计者向所有同学介绍设计思路、设计过程并交流收获和体会。

VR 技术在数字教育中的应用

学生完成"中国空间站"的作品后非常兴奋,而且这种兴奋是一种持久的体验。在 VR 尚未普及的今天,学生们能够有机会亲自体验和操作感到非常幸运。与此同时,他们对于全新的教学技术充满着期待,希望能够一展身手。这种期待对于激发学生的学习兴趣是非常有益的。另一方面,传统课堂教师讲、学生听的教学方式很难照顾到每个学生的独特性。而这种借助先进教学技术,引导学生自主式探究的教学方法可以给予学生充分的自由,让他们能够在规定的主题内获取自己感兴趣的知识。这是改善教学效果、提升学习效率的重要保证。相信学生在这次综合实践课程所收获的不仅是持久的兴奋,更多的是对知识持久的掌握。

2. 学生活动反思

学生在课后填写了综合实践活动学生反思表,如表 9-6 所示。

表 9-6 综合实践活动学生反思表

综合实践活动名称:筑梦航天

姓名:张瀚文　　　　班级:初二 2 班

自我反思	(1)在本综合实践活动中你学习到了哪些知识? 我不仅了解了我国航天发展的经历,还掌握了 VR 虚拟现实系统的操作方法和使用技巧,能够独立使用 VR 系统。并可以独立使用三维设计软件来设计作品,通过 3D 打印机打印出实物模型(图 9-2)。
	(2)在综合实践活动过程中你掌握了哪些新技术? 通过学习我掌握了 VR 技术和 3D 打印技术。
	(3)通过这次综合实践活动,你认为自己在哪方便得到了提升? 之前我有过很多的想法,但都是只能停留在想法阶段,无法变为现实。但是上了这次的综合实践活动后,我掌握了三维设计和 3D 打印的技术能力,能够将自己的想法变为现实。另一方面,通过这次实践活动,我进一步了解了我国航天事业的发展过程与现状。作为中学生,我只有从现在做起,从自己做起,努力学习文化知识,长大后才能为祖国航天的发展贡献自己的力量。

第9章 VR技术在中学实践类课程中的应用

续表

三维设计图	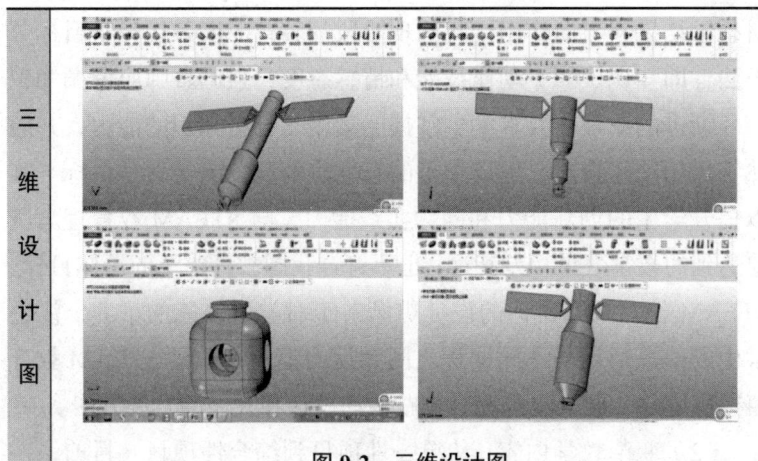
	图9-2 三维设计图
教师寄语	该生在学习是主动探究能力强,但受限于造物能力,无法有效地将所想变为现实。经过本次综合实践活动的学习与实践,不仅提出了我国未来空间站的创新性设计,还能够借助3D打印机来进行物化,将自己的创意变为现实。

3. 综合实践活动反思

核心素养是对教育终极目标的追求,体现在课程开发和教学实践中。而STEAM教育的优势就成了实现教育目标和培养核心素养的重要桥梁。本综合实践活动力求通过STEAM教育的模式来培养学生在面对复杂问题时,能从容运用课程整合知识应对并解决问题的品格和能力。而从最终的评价和反思中可以看出,这种尝试是成功的,学生在整个的综合实践活动过程中有效地获取了知识,并能够将所学的知识和技能应用到实践中,完成了作品的设计和制作,并且在与其他同学的交流中激发了他们的爱国情怀。接下来,在设计综合实践活动时应从以下四个方面考虑。

(1)变革教学目标:从学科素养转变为核心素养。教学目标是教师进行教学设计的起点，不但对学生学习起指导作用，而且对教学结果起导向作用。我国现阶段的教育一般采用教学目标分类法，即知识认知、动作技能和情感态度，强调教师应遵循知识循环渐进的原理，要求学生掌握、运用、分析知识的能力，并能熟练运用动作技能，形成正确的态度价值观。此类教学目标下难以提升学生的创新能力和问题实践能力，与STEAM教育理念所要达到的教学效果相差甚远，也不符合我国教育改革的总体目标。STEAM教育教学目标的设计更倾向于对学生技能的培养，注重学生的信息运用与不同课程之间知识的整合，这是STEAM教育值得称道的一面，也是综合实践活动设计和开展的发展方向。

（2）变革教学内容：从单一性项目到综合性项目。目前，一些STEAM教学课堂都是以项目问题为基础，以科学、技术、工程、计算机等学科知识为支撑，引导学生发现问题并解决问题，但是项目中的问题与问题之间缺乏紧密联系，导致学生无法进行深入学习与探究。教育的变革要求教师在课程设计和开展的过程中注重学生对问题的理解深度，实现学生综合能力的全面提升。这就要求教师在设计和选择综合实践活动的内容上要借助更加先进的教育技术手段，为学生创建更为饱满的问题情境，提升学生的情感体验，帮助学生实现对知识的重组与改造，避免一味追求结论性知识，最终实现学生核心素养的提升。

（3）变革教学方式：从特定方式到多样化。教学方式的运用就是为达到预设的教学目的，实现教学设计内容，运用恰当的教学手段而进行的。传统教学以教师为主体，从教师的角度来设计课程和活动。而STEAM教育理念则强调学生的自主实践和教师的引导作用。从教学过程上来看，综合实践活动遵循确定研究主题、发现问题、开发可能解决问题的解决方案、选择最佳方案、设计模型和交流与评价循序渐进。从学习过程来看，学生需要不

第9章 VR技术在中学实践类课程中的应用

断地进行信息提取与整合、产生怀疑、提出问题、创新实践、反馈优化、发现新的问题。这需要教师在整个教学过程中充当引导者而不是决策者，教师为学生问题发现提供问题情境和数字化工具，及时了解学生项目解决的进程，而不是约束学生的思维，应鼓励大家进行头脑风暴，适时为学生指正方向。

（4）变革教学评价：从教师主要评价到学生自主评价。教学评价是检验教学目标、学生学习效果的重要指标，对整个教学过程起到诊断和激励的作用。本综合实践活动评价进行了精心的设计，教师提前制订统一评价量表。注重过程性评价，而非结果性评价；强调学生评价，而非教师评价；借助他人评价，保证客观公正。这种评价方式改变了传统教育中的总结性评价，避免了忽视学生之间的个性差异，容易挫败学生的学习积极性和兴趣，以及评价结果无法准确起到反馈作用等问题。因此，未来的综合实践活动设计和开展应对传统评价方式加以变革，以促进学生的个性化发展，改善教学评价的反馈作用，最大的体现教学效能。

9.1.5 活动特色

本综合实践活动是基于STEAM教育的理念来设计和进行的，采用实践活动教学方式和任务驱动式教学方式相结合。不同于传统的课程，本综合实践活动具有以下特色。

（1）本综合实践活动借助VR平台等现代教育技术手段，为学生构建了虚拟现实教学情境，不仅极大地激发了学生学习和探究的热情，还使学生保持了较高的学习投入水平。在VR技术正在普及的今天，学生们能够有机会亲自体验和操作感到非常开心。他们对于全新的教学技术充满着期待，希望能够一展身手。这种期待对于激发学生的学习兴趣是非常有益的。传统课堂上"教师讲、学生听"的教学方式很难照顾到每个学生的独特性。而这种借助先进教学技术，引导学生自主式探究的教学方法可以给予学生充分的自由，让他们能够在规定的主题内获取自己感兴趣的知识和信息。这是改善教学效果、提升学习效率的重要保证。

（2）本综合实践活动采用了以学生自主评价为主，教师评价为辅的评价体系。这样的设计有助于提升学生的学习兴趣和学习动力，还可以利用学生的自我评价来促进学生回顾自己在参加综合实践活动全过程中所掌握的知识和技能。减少教师评价的比例可以有效地避免教师主观的刻板印象对于评价的影响，尽可能地保持评价的客观、公正。

（3）本综合实践活动有助于提升学生的爱国情感。近年来我国在航天领域取得的巨大成就令世人瞩目，但是成就背后的艰辛与坚持却少有人知。对于处于承上启下阶段的中学生，了解我国航天发展的经历和过程是十分有必要的。本综合实践活动使用了VR技术创建航天科技的教学场景，激发了学生自主探究的欲望，使学生在逐步了解我国航天发展，掌握三维设计能力和创意物化的过程中提升自己的民族自信和爱国情怀，提升了学生的核心素养，实现了学生的全面发展。

9.2 VR技术在高中科技社团活动中的应用

9.2.1 科技社团介绍

高中科技社团由对科技创新感兴趣的高中学生构成。这些学生具有一定的编程基础和动手实践能力，且有较高的热情参与

第9章 VR技术在中学实践类课程中的应用

到实践创新中来。社团使用沉浸式虚拟现实平台和3D打印机等设备引导和帮助学生综合应用所学的技从而能将自己创意变为现实，并在各类竞赛中取得成绩。

故宫是始建于明永乐五年（1407年），建成于明永乐十八年（1420年）的宏伟建筑群，占地面积约78万平方米，现存建筑面积约16.7万平方米、房屋8700余间，高约10米的城墙和宽达52米的护城河围绕四周，是我国现存最大、最完整的古代宫廷建筑群。这里先后住过明、清两代共24位皇帝，截至2011年，故宫文物总数达到1807558件，其中珍贵文物1684490件、一般文物115491件、标本7577件。

2020年是故宫600岁的生日，科技社团的同学们决定使用沉浸式虚拟现实平台中的《故宫青铜器》案例来观察青铜器，激发学生的探究欲望，再使用3D打印技术，复制故宫的青铜器来迎接这一伟大的时刻，接下来，我们就来一起开启紫禁之巅的寻宝活动。

9.2.2 活动设计

1. VR引入

请大家带上VR眼镜，随老师一起进入故宫的青铜器展室。最前面的就是小臣舍（音午）方鼎（图9-3），大家可以仔细地观察一下。

2. 活动实施

今天向大家介绍的这个方鼎名为小臣舍方鼎，是商代晚期青铜器，曾是清代宫廷旧藏，原在颐和园，现由北京故宫博物院收藏陈列。之所以选择小臣舍方鼎，是因为它不太大的鼎身上密布着两种不同的纹路——夔纹和兽面纹，而大多数方鼎或圆鼎，往

VR 技术在数字教育中的应用

图 9-3　VR 展示青铜器案例

往都是只有一种纹路。大家还可以看到方鼎内刻着 4 行铭文：

　　王赐小臣**舍**湡

　　积五年，**舍**用

　　作享太子乙家

　　祀尊。**𪓿**父乙

铭文的意思是：商王赏赐其近臣**舍**湡地五年的积贮。**舍**因此作了这件鼎，置于家庙，用来祭享死去的父亲太子乙。下面，我们就一起运用 3D 打印技术来复制这个锈迹斑斑的小鼎。

　　为了更加精确的复制方鼎，我们必须要仔细地观察它。小臣**舍**方鼎高 29.6cm，口径 22.5cm×17cm，重 6.18kg。方唇，二直耳，长方形腹，四柱足。器壁四角及正中均起棱脊，口沿下饰夔纹，腹饰兽面纹，以细密的雷纹为衬地，夔纹和兽面纹上再饰以流畅的线刻。双耳外侧饰线刻云雷纹,足饰线刻云纹及蕉叶纹。如图 9-4 所示，学生在互联网上进行探究。

　　完成了前期的观察和测量后，我们根据故宫青铜器展室的原件进行了三视图成型。然后，使用三维建模软件来生成小臣**舍**方鼎的三维模型。需要说明的是，在三维建模的过程中，小臣**舍**

第 9 章　VR 技术在中学实践类课程中的应用

图 9-4　学生自主探究

方鼎的夔纹和兽面纹的设计是有一定难度的。涉及了很多的曲线与面的结合，特别是方鼎四面的夔纹和兽面纹的设计必须要完全对称。我们在设计的过程中进行了多次尝试后发现，使用三维设计软件的镜像功能可以完美地实现夔纹和兽面纹的对称设计。如图 9-5 所示，方鼎的三维建模文件。

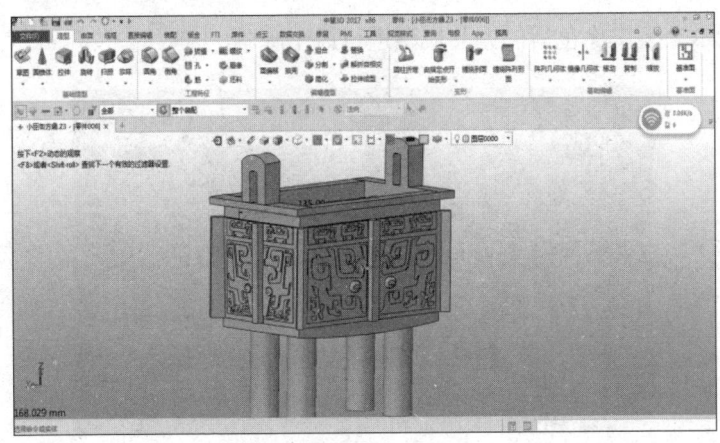

图 9-5　方鼎的三维建模

161

完成三维设计建模之后,我们要使用3D打印机进行打印成型了。在打印过程中,3D打印机会对三维模型数据进行逐层分切,通过读取文件中的横截面信息,对分切的每一层进行构建,将这些截面逐层打印出来,再将各层截面以堆叠的方式粘合起来从而得到最终的实物模型。

模型打印成型之后,为了进一步还原青铜器的质地,体现出小臣缶方鼎的年代感,我们要对方鼎模型进行上色。上色的过程分为三个部分。

首先,是模型上色材料的准备。我们选择红色,黑色、紫色的丙烯颜料和粉绿、白色的油画颜料;还有松节水、古铜色的铜粉以及地板蜡。准备好颜料等材料后,我们要模仿青铜器色彩来进行涂色。先使用黑、红、紫色丙烯颜料调成近乎黑的深紫红色,并加水进行稀释,完成第一遍上色。这时颜色会有一些不均匀,没关系。可以加入少量的白色,反复再涂几层。但是,必须要保证整个模型的颜色看起来很深,尤其是凹进去的纹路部分,之后让将方鼎模型放在室外,风干2小时以上,半天更好。如图9-6所示,多次涂色后的方鼎模型进行风干晾晒。

图9-6 反复涂色后的效果

第 9 章　VR 技术在中学实践类课程中的应用

其次，我们使用白色油画颜料，加入一点点粉绿色，调成很白的粉绿，并加入松节水进行稀释。需要注意的是，这次要比之前的丙烯颜料稀很多，稀释得刚刚比水稠一些即可，用硬毛的大刷笔沾上颜色在方鼎上点涂。注意不要来回扫涂，点图是为了让颜料顺着方鼎模型随意地往下流，这样效果更自然。点图均匀后就可以放到室外了，风干一天，三天更好。等模型完全干透之后，再用干的画笔，沾铜粉，在方鼎的凸出部分上刷涂，做高光。这是为了体现方鼎的年代感，因此，面积要很小，不能超过半个指甲盖，在需要高光的地方扫几下就行，选择会经常接触到的一两处地方就够了，不要到处都涂。最后使用干布沾地板蜡，像给鞋打蜡那样，给模型上蜡。这是最后一个环节。如图 9-7 所示，为模型涂铜粉。

图 9-7　用铜粉制作出青铜器的质感

最后，一个精美的小臣**舌**方鼎模型就展现在我们的眼前了。借助 VR 技术，我们足不出户就能够很好地观察故宫的文物，实现了使用 3D 打印技术复制了故宫文物"小臣**舌**方鼎"。图 9-8 所示为完整的方鼎模型。

VR 技术在数字教育中的应用

图 9-8 完成后的方鼎模型

9.2.3 活动反思

随着教育领域的创新和变革，人们逐渐认识到了沉浸式虚拟现实在教学中的意义和应用的可能性。科技社团不同于其他学科，强调学生的创新思维和动手实践能力的培养，因此，虚拟现实技术所特有的沉浸性、交互性和构思性特征使教师可以在社团活动时很好地激发学生的学习兴趣和探究欲望。

借助 VR 技术，教师和学生能够打破传统教学中时间、场地、人力、物力等因素的限制，有效的整合教学资源并适配每个学生的个人情况。学生只需要带上 VR 眼镜，就能身临其境般地感受到相应的学习内容，极大地提升了学生的创新思维和动手实践能力。与此同时，VR 平台的沉浸感为学生构建可视化的学习平台。传统课堂在空间感和视觉上的局限性使一些知识难以被认知和理解，沉浸式 VR 能够让学生更加直接地了解方鼎的外形和细节。老师能借助 VR 案例直接向学生讲解知识，演示现实中难以实现

第9章 VR技术在中学实践类课程中的应用

的具体操作。

在复制青铜器的过程中,由于前期向学生们展示了虚拟的故宫青铜器展室,学生的探究热情和设计欲望得到了很大的提升。因此,在后期的社团活动中学生无论是在三维设计还是在3D打印的过程都进行得非常顺利,学生的学习投入程度始终保持在较高的水平,为全面提升社团学生的核心素养打下了坚实的基础。

本 章 小 结

综合实践活动和科技社团活动一样,主要的教学理念和教学目标在于突出学生的主体地位,尊重学生的自主选择,引导学生主动参与,培养学生的创新精神,提升学生的创新能力,实现人的全面发展。

学生的创新思维需要其具有积极的求异心理、敏锐的观察能力、丰富的想象力、独特的知识架构以及活跃的灵感思维五个条件。相比于传统课堂,融合了VR技术的综合实践活动和科技社团活动能够通过虚拟教学情境的构建,激发学生的求异心理,培养学生丰富的想象力和逻辑思维能力,构建学生独特的知识架构,用以创造性地解决现实问题,从而全面培养学生的核心素养。

附录　VR平台常见问题解析

VR平台是一种由多个设备连接在一起,多种软件共同运行的综合体,在使用过程中和保养维护时常常会遇到一些问题。快速排除故障和有效解决问题是确保VR平台在教学中正常、高效使用的重要保障。因此,这里列举了三种不同类型的VR平台在使用过程中所遇到的实际问题,介绍了出现问题的原因以及应对的方法和策略,以期望能够为广大VR使用者排除故障和解决问题提供有益的帮助。

1. 沉浸式VR平台常见故障及解决方案

（1）打开投影机后没有信号。

解决办法：按下遥控上input选项里的DVI按钮,选择输入信号为DVI。

（2）投影机无立体效果。

解决办法：

① 检查发射器是否打开；

② 检查投影机的3D效果是否打开。

（3）观察画面有眩晕感。

解决办法：把眼镜反过来戴看是否好转,如有好转,在桌面上操作如下：右键→NVIDIA控制面板→3D设置→反转左右眼→开/关。

（4）在打开立体画面后遥控器无法使用。

附录　VR平台常见问题解析

解决办法：投影机打开时红外发射器发出的红外波干扰了遥控器的工作，所以请关闭G-motion程序即可。

（5）投影机常见故障检测。

在请求销售商或维修站的帮助前，再次检查下列各项：确保投影机与其他设备按用户手册中所描述的连接；检查电缆连接，确保所有计算机，视频及电源正确连接；检查所有电源是否开启；如投影机仍没有图像显示，重新启动计算机。

如仍没有图像显示，断开投影机与计算机的连接，检查计算机监视器的显示。问题可能是图像控制器造成的，而不是投影机的问题。当重新连接投影机时，记住在打开投影机电源前，先将计算机和监视器的电源关闭。电源开启的顺序为：投影机和计算机。

如问题依然存在，可以通过附表1-1进一步检查。

附表1-1　沉浸式VR平台故障及处理方案

问　题	处　理　方　式
无电源	（1）将投影机电源插头插入交流电源插座； （2）确保准备指示类（READY）亮； （3）投影机关闭后，待大约90秒才可再打开； （4）按电源开/关键将投影机关闭后，确保投影机工作； （5）LAMP指示灯亮，READY指示灯熄灭； （6）90秒后，READY指示灯再次呈绿色，此时按电源开关键可将投影机再次打开； （7）检查温度警告指示灯，如其呈红色闪烁，投影机不能被开启； （8）检查投影灯泡。
图像焦距不对	（1）调节焦距； （2）确保投影屏幕距投影机至少有1.4米的距离； （3）检查投影镜头，看是否需要清洁； （4）注意：将投影机从较冷的温度环境中移至较热的温度环境中可能会导致在镜头上出现湿气凝结。如此情况发生，不要将投影机电源打开，等到凝结消失再打开电源。

167

续表

问　题	处　理　方　式
画面左/右翻转	检查顶端/背面特性。
画面顶部/底部翻转	检查顶端特性。
操作时，一些显示看不见	检查显示特性。
无图像	（1）检查计算机或视频设备与投影机连接； （2）当开启投影机后，大约30秒才显示图像； （3）检查所选系统是否与计算机或视频设备一致； （4）确保温度没有超出操作温度。（5~35℃）。
无声音	（1）检查来自音频输入源的电缆连接； （2）调节音频源； （3）按音量（+）键； （4）按静音键。
遥控器不工作	（1）检查电池； （2）检查遥控上的"ALL-OFF"开关是否设置为"ON"； （3）确保在遥控接收器与遥控器之间没有东西阻挡； （4）确保使用遥控器时，会距离投影机过远。最大操作范围是5米； （5）检查遥控器发射信号模式。

2. 桌面式 VR 平台常见故障及解决方案（以 Zspace 为例）

（1）应用程序的显示没有 3D 效果。

解决办法：请确定你佩戴的是 3D 眼镜。请打开 Zspace 控制面板，选择立体影像测试。您可以选择"问号"以查阅 Zspace 帮助的相关文章。

（2）应用程序的观景不会随着您头部的移动而改变。

解决办法：请确定佩戴的是装有追踪定位器的 3D 眼镜。打开 Zspace 控制面板，选择头部追踪测试。戴上眼镜，移动你的头，使得瞄准线在屏幕上的每个圆圈相交。如果您看不到瞄准线或无法在屏幕上移动瞄准线，请使用鼠标选择"上一步 Back"箭头。

附录 VR平台常见问题解析

选择"问号"以查阅Zspace帮助的相关文章。

（3）触笔不能正常运作

解决办法：确保触笔插入一体机后面的正确插座，不要插到以太网连接埠。打开Zspace的控制面板，选择触笔配置测试，确保触笔的按钮、振动和LED灯能够正常运作。在Zspace的控制面板中，选择触笔追踪测试，以确保触笔能被追踪摄像头检测到移动触笔，使瞄准线与屏幕上的每个圆圈相交。如果您看不到瞄准线或无法在屏幕上移动它们，请使用鼠标选择"Back 上一步"箭头。选择问号以查看Zspace帮助的相关文章。

3. 头戴式VR平台常见故障及解决方案（以HTC vive为例 作者：SZ-Donkey）

（1）带着头戴走动或者换一个人带的时候总是蓝屏。

解决办法：HTC vive的头戴接口线是可拆卸的，在移动的时候经常线经常会松从而导致接触不良，头戴蓝屏没有信号。如果不打算拆卸，就把接口线和头戴固定在一起。这样移动的时候就不会松动了。

（2）SteamVR头戴显示的是红灯而不是绿灯，此时头戴无法正常使用。

解决办法：单击右键，选择个性化→显示→调整分辨率。此时可以看到有两个显示器，需要在显示器选项那里选择应用所有显示器。这样头戴才会有信号。

（3）其他设备正常，但是头戴只有三维坐标没有视频信息。

解决办法：这是因为主机视频信号线（HDMI）插错了位置，应该把视频信号线（主机端）插在显卡信息输出那里。一般集显都是插在主板视频信号输出位置，这个时候视频信号是无法正常输出的。

（4）叠影器未全屏（-202）错误

解决办法：遇到此问题时重启设备。

（5）手柄显示为蓝色的指示灯，并且无法正常使用。

解决办法：找到 SteamVR 状态显示窗口，右键点击手柄图标会出现匹配控制器和校准控制器选项。选择重新匹配或者校准即可。

（6）在其他项目头戴显示器正常，当前头戴显示器不可用。

解决办法：可能是 VR 内容内存在多个相机导致的，检查场景内相机组件。

参考文献

[1] Bertram J, Moskaliuk J, Cress U. Virtual training: Making Reality Work? [J]. Computers in Human Behavior, 2015,（43）: 284-292.

[2] Darrah M, Humbert R, Finstein J, et al. Are virtual labs as effective as hands-on labs for undergraduate physics? A comparative study at two major universities [J]. Journal of Science Education and Technology, 2014,（6）: 803-814.

[3] Farra S L, Miller E T, Hodgson E. Virtual reality disaster training: translation to practice [J]. Nurse Educ Pract，2015, 15（1）: 53-57.

[4] Gregory S, Gregory B, et al. Rhetoric and reality: Critical perspectives on education in a 3D virtual world [A]. Rhetoric and reality: Proceedings ascilite 2014[C]. Dunedin: NZ, 2014: 279-289.

[5] Morgan E. Virtual worlds: Integrating second life into the history classroom [J]. The History Teacher, 2013,（4）: 547-559.

[6] Nadolny L, Woolfrey J, Pierlott M, et al. SciEthics interactive: Science and ethics learning in a virtual environment [J]. Educational Technology Research and Development, 2013,（61）: 979-999.

[7] Pantelidis V. Reasons to use virtual reality in education and training courses and a model to determine when to use virtual reality [J]. Themes in Science and Technology Education, 2009,（2）: 59-70.

[8] Reger G M, Koenen-Woods P, Zetocha K,et al. Randomized controlled trial of prolonged exposure using imaginal exposure vs. virtual reality exposure in active duty soldiers with deployment-related posttraumatic stress disorder（PTSD）[J]. J Consult Clin Psychol, 2016, 84（11）: 946-959.

[9] Wang H, Burton K. Second life in education: A review of publications from its launch to 2011 [J]. British Journal of Educational Technology, 2013,（3）: 357-371.

[10] 安亚君, 刘梦洋. 基于虚拟现实 (VR) 技术的网络远程教育的构想性与功能实现研究 [J]. 科技视界, 2021 (18).

[11] 车敏, 拓明福, 柳泉. 虚拟现实系统及其关键技术的研究进展 [J]. 物联网技术, 2018, 8 (4).

[12] 崔张波. VR一体机基础平台的设计与实现 [D]. 西安: 西安电子科技大学: 2020.

[13] 丁万喜. 高中体育交互式教学策略开展方法探究 [J]. 学周刊, 2018 (32): 161-162.

[14] 杜周邦. 电子信息工程现代化运用探讨——以 VR 发展设备发展现状为例 [J]. 科技风, 2018 (33): 55.

[15] 付丽秋. 虚拟现实技术在灭火救援模拟实验中的应用 [J]. 实验技术与管理, 2015, 32 (4): 130-132.

[16] 高露, 温江. 虚拟现实技术在建筑设计教学中的运用 [J]. 建筑工程技术与设计, 2018 (26): 812.

[17] 黄超, 田丰, 褚灵伟. 沉浸式 VR 在教育培训领域中的应用综述 [J]. 电声技术, 2017, 41 (Z2): 99-105, 109.

[18] 贺静静. 基于虚拟现实技术的地震紧急疏散演练模拟研究 [D]. 昆明: 云南师范大学, 2014.

[19] 贺雪晨, 陈振云, 周自试. 虚拟现实技术应用教程 [M]. 北京: 清华大学出版社, 2012: 212.

[20] 蒋一, 魏骏. 虚拟现实技术及其在军事领域的应用 [J]. 国外电子测量技术, 2007 (1): 43-45.

[21] 姜学智, 李忠华. 国内外虚拟现实技术的研究现状 [J]. 辽宁工程技术大学学报, 2004: 238-240.

[22] 贾群林, 周柏贾. 地震灾害场景仿真模拟的研究与应用 [J]. 计算机研究与发展, 2010, 47 (6): 1038-1043.

[23] 李建荣, 孔素真. 虚拟现实技术在教育中的应用研究 [J]. 实验室科学, 2014, (3): 98-103.

[24] 李敏, 韩丰. 虚拟现实技术综述 [J]. 软件导刊, 2010: 142-144.

[25] 罗伟, 李珊珊, 田夫, 等. 虚拟现实技术在医疗中的应用 [J]. 中华医院管理杂志, 2005 (12): 827-838.

[26] 吕志明, 王婷婷, 张付有. 基于虚拟现实技术的地震游戏的设计——以地震紧急疏散为例 [J]. 电脑知识与技术, 2015, 11 (11): 208-209.

[27] 刘崇进,贺佐成,叶雯等.沉浸式VR在教育培训中的应用概况和展望[J].中国教育信息化,2018(15):9-13.

[28] 刘崇进,吴应良,贺佐成,等.VR教育培训平台的教学改革研究与实践[J].中国信息技术教育,2018(8):88-91.

[29] 刘炼,孙慧佳.虚拟现实技术在舞蹈教学中的应用现状和设计要求[J].中国电化教育,2014,(6):85-88.

[30] 刘进,张鹏望.基于VR技术的培训系统设计与实现[J].电子技术应用,2018,44(10):102-105.

[31] 刘美辰.VR技术在中学生地理核心素养培养中的实践研究[J].中学地理教学参考,2020(8):72-74.

[32] 牟长军,童志伟.综述虚拟现实技术及其应用[J].Equipment Manufactring Technology NO.1,2007:63-65.

[33] 邱亚萍.VR技术发展现状、应用前景与对策研究[J].黑河学院学报,2017,8(12):184-185.

[34] 苏楠.人工智能的发展现状与未来展望[J].中小企业管理与科技,2017(4):107-108.

[35] 孙成江,刘林.应急救援模拟演练系统设计与实现初探[J].石油工业计算机应用,2010(3):3-6.

[36] 孙江山,余兰.网络三维虚拟实验系统的设计与实现[J].现代教育技术,2011(7):114-117.

[37] 唐超.当VR技术遇上医疗[J].中国医院院长,2017(Z1):86.

[38] 汪成为,高文,王行仁.灵境(虚拟现实)技术的理论、实现及应用[M].北京:清华大学出版社,1996:5-6.

[39] 王会霞.虚拟现实技术在地震救援训练中的应用研究[C].中国计算机用户协会.2009全国仿真技术学术会议论文集.九江.2009.

[40] 王蕊,丛嘉旭.VR技术在旅游领域应用现状及制约因素分析[J].度假旅游,2018(11):187-188.

[41] 王首华.虚拟现实技术在矿山救援中的应用[J].神华科技,2015,13(2):36-39.

[42] 吴迪,黄文骞.虚拟现实技术的发展过程及研究现状[J].海洋测绘,2002:15-17.

[43] 武刚,余武.虚拟校园三维全景漫游系统探究与实现[J].现代教育技术,2013,(5):122-126.

[44] 吴永春. VR技术的发展现状及应用领域研究[J]. 电子制作, 2017（24）: 77-78, 76.

[45] 吴宗律, 李立基. "VR+医疗"先行者[J]. 成才与就业, 2017（Z1）: 12-16.

[46] 杨江涛. 虚拟现实技术的国内外研究现状与发展[J]. 信息通信, 2015: 138.

[47] 杨晓光, 张楠. 基于现实与虚拟交互的交通流再现试验方法[J]. 同济大学学报自然科学版, 2018（12）: 1559-1667.

[48] 袁川晔. 基于虚拟现实技术的教育应用研究[J]. 教育教学论坛, 2018（46）: 233-234.

[49] 张良杰, 朱丽敏, 钟石根, 等. VR技术现状与应用领域研究[J]. 传感器世界, 2017, 23（5）: 26-31.

[50] 张云明, 陈蕾. 基于虚拟现实技术的灭火救援训练系统[J]. 消防科学与技术, 2010, 29（11）: 996-998.

[51] 赵晶, 李建亮, 李福海. 虚拟现实技术在地震应急救援训练基地中的应用[J]. 华北地震科学, 2016, 34（2）: 63-66.

[52] 赵明明. 中国VR技术的发展现状、应用前景与对策探究[J]. 视听, 2018（1）: 209-210.

[53] 周丹. VR技术的发展现状及应用领域研究实践[J]. 电子技术与软件工程, 2018（17）: 147-148.

[54] 中华人民共和国教育部. 普通高中地理课程标准（2017年版2020年修订）[M]. 北京: 人民教育出版社, 2020.

[55] 朱宁克, 邹越. 虚拟现实技术在建筑设计的应用[J]. 北京建筑工程学院学报, 2008（1）: 34-37.

[56] 邹湘军, 孙健, 何汉武, 等. 虚拟现实技术的演变发展与展望[J]. 系统仿真学报, 2004, 19（6）: 1905-1909.